Grundlagen des koreanischen
Alphabets für Deutschsprachige

독일어를 사용하는 국민을 위한

기초 **한글배우기**

① **기초편**

Band 1 Grundlagen

권용선 저

독일어로 한글배우기

Koreanisch lernen auf Deutsch

■ 세종대왕(조선 제4대 왕)
König Sejong der Große
(der 4. König der Joseon–Dynastie)

대한민국 대표한글
K-한글
www.k-hangul.kr

유네스코 세계문화유산
UNESCO Weltkulturerbe

■ 세종대왕 탄신 627돌(2024.5.15) 숭모제전
- 분향(焚香) 및 헌작(獻爵), 독축(讀祝), 사배(四拜), 헌화(獻花), 망료례(望燎禮), 예필(禮畢), 인사말씀(국무총리)

■ 무용 : 봉래의(鳳來儀) | 국립국악원 무용단
- '용비어천가'의 가사를 무용수들이 직접 노래하고 춤을 춤으로써 비로소 시(詩), 가(歌), 무(舞)가 합일하는 악(樂)을 완성하는 장면

■ 영릉(세종·소헌왕후)
조선 제4대 세종대왕과 소헌왕후 심씨를 모신 합장릉이다.
세종대왕은 한글을 창제하고 혼천의를 비롯한 여러 과학기기를 발명하는 등 재위기간 중 뛰어난 업적을 이룩하였다.

■ 소재지(Location): 대한민국 경기도 여주시 세종대왕면 영릉로 269-10

■ 대표 업적
- 한글 창제: 1443년(세종 25년)~1446년 9월 반포
- 학문 창달
- 과학의 진흥
- 외치와 국방
- 음악의 정리
- 속육전 등의 법전 편찬 및 정리
- 각종 화학 무기 개발

※UNESCO Weltkulturerbe※
■ Yeongneung (König Sejong der Große·Königin Soheon)
Dies ist das gemeinsame grab von König Sejong dem Großen, dem vierten König der Joseon-Dynastie, und Königin Soheon.
Während seiner Regentschaft erzielte König Sejong der Große bedeutende Leistungen, darunter die Erfindung von Hangul und die Entwicklung verschiedener wissenschaftlicher Instrumente, wie zum Beispiel der Armillarsphäre.

■ Standortadresse: 269-10 Yeongneung-ro, Sejongdaewang-myeon, Yeoju-si, Gyeonggi-do, Republic of Korea

■ Seine größten Errungenschaften
- Erfindung von Hangul: Von 1443 (25. Regierungsjahr von König Sejong dem Großen) bis September 1446 (Verkündung).
- Akademischer Fortschritt
- Förderung der Wissenschaft
- Diplomatie und Verteidigung
- Organisation der Musik
- Zusammenstellung von Gesetzbüchern wie dem Sok yukjeon
- Entwicklung verschiedener chemischer Waffen

머리말 Vorwort

Let's learn Hangul!

Hangul besteht aus 14 Konsonanten, 10 Vokalen und einer Kombination aus Doppelkonsonanten und Doppelvokalen. Sie werden kombiniert und erzeugen einen Laut. Die Zahl der Schriftzeichen, die durch die Kombination von Konsonanten und Vokalen entstehen, beträgt etwa 11.170 Zeichen, wovon etwa 30 % verwendet werden.

Das Buch basiert auf koreanischen Wörtern, die im Alltag häufig verwendet werden, und wurde unter Berücksichtigung der folgenden Aspekte entwickelt:

- Der grundlegende Lerninhalt ist das Erlernen der Konsonanten und Vokale des Hangul.
- Die Strichfolge von Hangul wird in diesem Buch erläutert, um eine solide Basis für die korrekte Verwendung von Hangul zu schaffen.
- Wir haben viel Wert auf das „Schreiben" gelegt und haben viele Übungen beigefügt, um Hangul durch wiederholte Schreibübungen auf natürliche Weise zu erlernen.
- Auf unserer Website (www.K-hangul.kr) stellen wir Materialien zur Verfügung, die parallel zum Lehrbuch zum Selbststudium verwendet werden können.
- Der Inhalt befasst sich mit den Buchstaben und Wörtern, die im koreanischen Alltag häufig verwendet werden.
- Wir haben die Anzahl der weniger gebräuchlichen koreanischen Wörter reduziert und uns nur auf die wichtigsten Inhalte konzentriert.

Das Erlernen einer Sprache ermöglicht es, neue Kulturen zu entdecken und über den eigenen Horizont hinauszudenken.
Durch dieses Buch wird nicht nur das Erlernen von Hangul erleichtert, sondern es vermittelt auch ein umfassendes Verständnis der koreanischen Kultur und Mentalität.
Vielen Dank.

k-hangul Publisher: Kwon, Yong-sun

한글은 자음 14자, 모음 10자 그 외에 겹자음과 겹모음의 조합으로 글자가 이루어지며 소리를 갖게 됩니다. 한글 조합자는 약 11,170자로 이루어져 있는데, 그중 30% 정도가 주로 사용되고 있습니다. 이 책은 실생활에서 자주 사용하는 우리말을 토대로 내용을 구성하였고, 다음 사항을 중심으로 개발되었습니다.

- 한글의 자음과 모음을 기초로 배우는 기본학습내용으로 이루어져 있습니다.
- 한글의 필순을 제시하여 올바른 한글 사용의 기초를 튼튼히 다지도록 했습니다.
- 반복적인 쓰기 학습을 통해 자연스레 한글을 습득할 수 있도록 '쓰기'에 많은 지면을 할애하였습니다.
- 홈페이지(www.k-hangul.kr)에 교재와 병행 학습할 수 있는 자료를 제공하고 있습니다.
- 한국의 일상생활에서 자주 사용되는 글자나 낱말을 중심으로 내용을 구성하였습니다.
- 사용빈도가 높지 않은 한글에 대한 내용은 줄이고 꼭 필요한 내용만 수록하였습니다.

언어를 배우는 것은 문화를 배우는 것이며, 사고의 폭을 넓히는 계기가 됩니다. 이 책은 한글 학습에 기본이 되는 교재이므로 내용을 꼼꼼하게 터득하면 한글은 물론 한국의 문화와 정신까지 폭넓게 이해하게 될 것입니다.

※참고 : 본 교재는 ❶기초편으로, ❷문장편 ❸대화편 ❹생활 편으로 구성되어 출간 판매 중에 있습니다.
　　　Bitte beachten Sie: Dieses Lehrbuch ist als Band ❶ Grundlagen gekennzeichnet, zusätzlich gibt es die Bände ❷ Satzkonstruktion, ❸ Konversation und ❹ Alltagsleben, die ebenfalls zum Verkauf angeboten werden.

※판매처 : 교보문고, 알라딘, yes24, 네이버, 쿠팡 등
　　　Verkaufsstelle: Buchhandlung Kyobo, Aladdin, Yes24, Naver, Coupang, usw.

저자 권용선

차례 Inhaltsverzeichnis

자음

Kapitel 1
Konsonanten

01 자음 [Konsonanten]

자음 읽기 [Konsonanten lesen]

ㄱ	ㄴ	ㄷ	ㄹ	ㅁ
기역(Giyeok)	니은(Nieun)	디귿(Digeut)	리을(Rieul)	미음(Mieum)
ㅂ	ㅅ	ㅇ	ㅈ	ㅊ
비읍(Bieup)	시옷(Siot)	이응(Ieung)	지읒(Jieut)	치읓(Chieut)
ㅋ	ㅌ	ㅍ	ㅎ	
키읔(Kieuk)	티읕(Tieut)	피읖(Pieup)	히읗(Hieut)	

자음 쓰기 [Konsonanten schreiben]

ㄱ	ㄴ	ㄷ	ㄹ	ㅁ
기역(Giyeok)	니은(Nieun)	디귿(Digeut)	리을(Rieul)	미음(Mieum)
ㅂ	ㅅ	ㅇ	ㅈ	ㅊ
비읍(Bieup)	시옷(Siot)	이응(Ieung)	지읒(Jieut)	치읓(Chieut)
ㅋ	ㅌ	ㅍ	ㅎ	
키읔(Kieuk)	티읕(Tieut)	피읖(Pieup)	히읗(Hieut)	

02 자음 [Konsonanten]

월   일

자음 익히기 [Konsonanten lernen]

다음 자음을 쓰는 순서에 맞게 따라 쓰세요.

(Schreiben Sie die folgenden Konsonanten in der korrekten Strichfolge.)

자음 Konsonanten	이름 Bezeichnung	쓰는 순서 Strichfolge	영어 표기 Romanisierung	쓰기 Schreiben				
ㄱ	기역		Giyeok	ㄱ				
ㄴ	니은		Nieun	ㄴ				
ㄷ	디귿		Digeut	ㄷ				
ㄹ	리을		Rieul	ㄹ				
ㅁ	미음		Mieum	ㅁ				
ㅂ	비읍		Bieup	ㅂ				
ㅅ	시옷		Siot	ㅅ				
ㅇ	이응		Ieung	ㅇ				
ㅈ	지읒		Jieut	ㅈ				
ㅊ	치읓		Chieut	ㅊ				
ㅋ	키읔		Kieuk	ㅋ				
ㅌ	티읕		Tieut	ㅌ				
ㅍ	피읖		Pieup	ㅍ				
ㅎ	히읗		Hieut	ㅎ				

한글 자음과 모음표 [Konsonanten-Vokale-Übersichtstabelle]

월   일

※ 참고 : 음절표(18p~37P)에서 학습할 내용

mp3 자음 모음	ㅏ (아)	ㅑ (야)	ㅓ (어)	ㅕ (여)	ㅗ (오)	ㅛ (요)	ㅜ (우)	ㅠ (유)	ㅡ (으)	ㅣ (이)
ㄱ (기역)	가	갸	거	겨	고	교	구	규	그	기
ㄴ (니은)	나	냐	너	녀	노	뇨	누	뉴	느	니
ㄷ (디귿)	다	댜	더	뎌	도	됴	두	듀	드	디
ㄹ (리을)	라	랴	러	려	로	료	루	류	르	리
ㅁ (미음)	마	먀	머	며	모	묘	무	뮤	므	미
ㅂ (비읍)	바	뱌	버	벼	보	뵤	부	뷰	브	비
ㅅ (시옷)	사	샤	서	셔	소	쇼	수	슈	스	시
ㅇ (이응)	아	야	어	여	오	요	우	유	으	이
ㅈ (지읒)	자	쟈	저	져	조	죠	주	쥬	즈	지
ㅊ (치읓)	차	챠	처	쳐	초	쵸	추	츄	츠	치
ㅋ (키읔)	카	캬	커	켜	코	쿄	쿠	큐	크	키
ㅌ (티읕)	타	탸	터	텨	토	툐	투	튜	트	티
ㅍ (피읖)	파	퍄	퍼	펴	포	표	푸	퓨	프	피
ㅎ (히읗)	하	햐	허	혀	호	효	후	휴	흐	히

제2장

모음

Kapitel 2
Vokale

01 모음 [Vokale]

월 일

모음 읽기 [Vokale lesen]

ㅏ	ㅑ	ㅓ	ㅕ	ㅗ
아(A)	야(Ya)	어(Eo)	여(Yeo)	오(O)
ㅛ	ㅜ	ㅠ	ㅡ	ㅣ
요(Yo)	우(U)	유(Yu)	으(Eu)	이(I)

모음 쓰기 [Vokale schreiben]

ㅏ	ㅑ	ㅓ	ㅕ	ㅗ
아(A)	야(Ya)	어(Eo)	여(Yeo)	오(O)
ㅛ	ㅜ	ㅠ	ㅡ	ㅣ
요(Yo)	우(U)	유(Yu)	으(Eu)	이(I)

모음 [Vokale]

월　일

📚 모음 익히기 [Vokale lernen]

다음 모음을 쓰는 순서에 맞게 따라 쓰세요.

(Schreiben Sie die folgenden Vokale in der richtigen Strichfolge.)

모음 Vokale	이름 Bezeichnung	쓰는 순서 Strichfolge	영어 표기 Romanisierung	쓰기 Schreiben				
ㅏ	아		A	ㅏ				
ㅑ	야		Ya	ㅑ				
ㅓ	어		Eo	ㅓ				
ㅕ	여		Yeo	ㅕ				
ㅗ	오		O	ㅗ				
ㅛ	요		Yo	ㅛ				
ㅜ	우		U	ㅜ				
ㅠ	유		Yu	ㅠ				
ㅡ	으		Eu	ㅡ				
ㅣ	이		I	ㅣ				

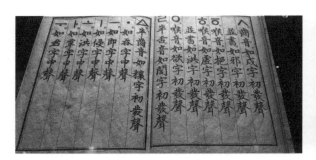

- 훈민정음(訓民正音) : 새로 창제된 훈민정음을 1446년(세종 28) 정인지 등 집현전 학사들이 저술한 한문해설서이다. 해례가 붙어 있어서〈훈민정음 해례본 訓民正音 解例本〉이라고도 하며 예의(例義), 해례(解例), 정인지 서문으로 구성되어 있다. 특히 서문에는 **훈민정음을 만든 이유,** 편찬자, 편년월일, 우수성을 기록하고 있다. 1997년 유네스코 세계기록유산으로 등록되었다.

■ 훈민정음(訓民正音)을 만든 이유

- 훈민정음은 백성을 가르치는 바른 소리 -

훈민정음 서문에 나오는 '나랏말씀이 중국과 달라 한자와 서로 통하지 않는다.' 는 말은 풍속과 기질이 달라 성음(聲音)이 서로 같지 않게 된다는 것이다.

"이런 이유로 어리석은 백성이 말하고 싶은 것이 있어도 마침내 제 뜻을 표현하지 못하는 사람이 많다. 이를 불쌍히 여겨 새로 28자를 만들었으니 사람마다 쉽게 익혀 씀에 편하게 할 뿐이다."

지혜로운 사람은 아침나절이 되기 전에 이해하고 어리석은 사람도 열흘이면 배울 수 있는 훈민정음은 바람소리, 학의 울음이나 닭 울음소리, 개 짖는 소리까지 모두 표현해 쓸 수 있어 지구상의 모든 문자 가운데 가장 창의적이고 과학적이라는 찬사를 받는 문자이다.

-세종 28년-

■ 세종대왕 약력

- 조선 제4대 왕
- 이름: 이도
- 출생지: 서울(한양)
- 생년월일: 1397년 5월 15일~1450년 2월 17일
- 재위 기간: 1418년 8월~1450년 2월(31년 6개월)

■ Der Grund für die Schaffung des Hunminjeongeum

- Die richtigen Laute zur Unterweisung des Volkes -

Der Satz 'Die Sprache unseres Landes unterscheidet sich von der chinesischen, und mittels chinesischer Schriftzeichen nicht miteinander übersetzbar.' aus der Einleitung des Hunminjeongeum deutet darauf hin, dass aufgrund unterschiedlicher Bräuche und Temperamente die Lautung nicht übereinstimmt.

"Deshalb gibt es viele Menschen im ungebildeten Volk, die den Wunsch haben, sich auszudrücken, aber ihre Absichten nicht klar kommunizieren können, obwohl sie ihre Gedanken gerne teilen würden. Es betrübt mich zutiefst, und deshalb habe ich 28 neue Schriftzeichen geschaffen, in der Hoffnung, dass sie von jedem leicht erlernt und bequem im Alltag angewendet werden können."

Ein kluger Mensch versteht die Schriftzeichen, bevor ein Morgen zu Ende ist. Ein dummer Mensch kann sie in zehn Tagen lernen. Sogar das Wehen des Windes, Kranichgeschrei, Krähen des Hahnes und Hundegebell können alle schriftlich wiedergegeben werden. Aus diesem Grund wird Hunminjeongeum weltweit für seine Kreativität und seinen wissenschaftlichen Wert anerkannt.

- 28. Regierungsjahr von König Sejong dem Großen -

■ Biografie von König Sejong dem Großen

- Der 4. König von Joseon
- Name: Yi Do
- Geburtsort: Seoul (Hanyang)
- Geburtsdatum: 15. Mai 1397 - 17. Februar 1450
- Regierungszeit: August 1418 - Februar 1450 (31 Jahre und 6 Monate)

제3장

겹자음과
겹모음

Kapitel 3
Doppelkonsonanten und
Doppelvokale

01 겹자음 [Doppelkonsonanten]

겹자음 읽기 [Doppelkonsonanten lesen]

ㄲ	ㄸ	ㅃ	ㅆ	ㅉ
쌍기역 (Ssanggiyeok)	쌍디귿 (Ssangdigeut)	쌍비읍 (Ssangbieup)	쌍시옷 (Ssangsiot)	쌍지읒 (Ssangjieut)

겹자음 쓰기 [Doppelkonsonanten schreiben]

ㄲ	ㄸ	ㅃ	ㅆ	ㅉ
쌍기역 (Ssanggiyeok)	쌍디귿 (Ssangdigeut)	쌍비읍 (Ssangbieup)	쌍시옷 (Ssangsiot)	쌍지읒 (Ssangjieut)

겹자음 익히기 [Doppelkonsonanten lernen]

다음 겹자음을 쓰는 순서에 맞게 따라 쓰세요.

(Schreiben Sie die folgenden Doppelkonsonanten in der richtigen Strichfolge.)

겹자음 Doppel konsonanten	이름 Bezeichnung	쓰는 순서 Strichfolge	영어 표기 Romanisierung	쓰기 Schreiben				
ㄲ	쌍기역	ㄲ	Ssanggiyeok	ㄲ				
ㄸ	쌍디귿	ㄸ	Ssangdigeut	ㄸ				
ㅃ	쌍비읍	ㅃ	Ssangbieup	ㅃ				
ㅆ	쌍시옷	ㅆ	Ssangsiot	ㅆ				
ㅉ	쌍지읒	ㅉ	Ssangjieut	ㅉ				

겹모음 [Doppelvokale]

월   일

겹모음 읽기 [Doppelvokale lesen]

ㅐ	ㅔ	ㅒ	ㅖ	ㅘ
애(Ae)	에(E)	얘(Yae)	예(Ye)	와(Wa)
ㅙ	ㅚ	ㅝ	ㅞ	ㅟ
왜(Wae)	외(Oe)	워(Wo)	웨(We)	위(Wi)
ㅢ				
의(Ui)				

겹모음 쓰기 [Doppelvokale schreiben]

애(Ae)	에(E)	얘(Yae)	예(Ye)	와(Wa)
왜(Wae)	외(Oe)	워(Wo)	웨(We)	위(Wi)
의(Ui)				

겹모음 [Doppelvokale]

월   일

겹모음 익히기 [Doppelvokale lernen]

다음 겹모음을 쓰는 순서에 맞게 따라 쓰세요.

(Schreiben Sie die folgenden Doppelvokale in der richtigen Strichfolge.)

겹모음 Doppel vokale	이름 Bezeichnung	쓰는 순서 Strichfolge	영어 표기 Romanisierung	쓰기 Schreiben					
ㅐ	애		Ae	ㅐ					
ㅔ	에		E	ㅔ					
ㅒ	얘		Yae	ㅒ					
ㅖ	예		Ye	ㅖ					
ㅘ	와		Wa	ㅘ					
ㅙ	왜		Wae	ㅙ					
ㅚ	외		Oe	ㅚ					
ㅝ	워		Wo	ㅝ					
ㅞ	웨		We	ㅞ					
ㅟ	위		Wi	ㅟ					
ㅢ	의		Ui	ㅢ					

음절표

Kapitel 4
Die Silbentabelle

자음+모음(ㅏ) 읽기 [Konsonant + Vokal (ㅏ) lesen]

가	나	다	라	마
Ga	Na	Da	Ra	Ma
바	사	아	자	차
Ba	Sa	A	Ja	Cha
카	타	파	하	
Ka	Ta	Pa	Ha	

자음+모음(ㅏ) 쓰기 [Konsonant + Vokal (ㅏ) schreiben]

가	나	다	라	마
Ga	Na	Da	Ra	Ma
바	사	아	자	차
Ba	Sa	A	Ja	Cha
카	타	파	하	
Ka	Ta	Pa	Ha	

자음+모음 (ㅏ) [Konsonant + Vokal (ㅏ)]

월   일

자음+모음 (ㅏ) 익히기 [Konsonant+Vokal (ㅏ) lernen]

다음 자음+모음 (ㅏ)을 쓰는 순서에 맞게 따라 쓰세요.

(Schreiben Sie folgende Konsonanten+Vokal (ㅏ) in der richtigen Strichfolge.)

자음+모음(ㅏ)	이름	쓰는 순서	영어 표기	쓰기				
ㄱ+ㅏ	가	가	Ga	가				
ㄴ+ㅏ	나	나	Na	나				
ㄷ+ㅏ	다	다	Da	다				
ㄹ+ㅏ	라	라	Ra	라				
ㅁ+ㅏ	마	마	Ma	마				
ㅂ+ㅏ	바	바	Ba	바				
ㅅ+ㅏ	사	사	Sa	사				
ㅇ+ㅏ	아	아	A	아				
ㅈ+ㅏ	자	자	Ja	자				
ㅊ+ㅏ	차	차	Cha	차				
ㅋ+ㅏ	카	카	Ka	카				
ㅌ+ㅏ	타	타	Ta	타				
ㅍ+ㅏ	파	파	Pa	파				
ㅎ+ㅏ	하	하	Ha	하				

 **02** 자음+모음(ㅓ) [Konsonant + Vokal (ㅓ)]

월 일

자음+모음(ㅓ) 읽기 [Konsonant + Vokal (ㅓ) lesen]

거	너	더	러	머
Geo	Neo	Deo	Reo	Meo
버	서	어	저	처
Beo	Seo	Eo	Jeo	Cheo
커	터	퍼	허	
Keo	Teo	Peo	Heo	

자음+모음(ㅓ) 쓰기 [Konsonant + Vokal (ㅓ) schreiben]

거	너	더	러	머
Geo	Neo	Deo	Reo	Meo
버	서	어	저	처
Beo	Seo	Eo	Jeo	Cheo
커	터	퍼	허	
Keo	Teo	Peo	Heo	

02 자음+모음 (ㅓ) [Konsonant + Vokal (ㅓ)]

월   일

자음+모음(ㅓ) 익히기 [Konsonant+Vokal (ㅓ) lernen]

다음 자음+모음(ㅓ)을 쓰는 순서에 맞게 따라 쓰세요.

(Schreiben Sie folgende Konsonanten+Vokal (ㅓ) in der richtigen Strichfolge.)

자음+모음(ㅓ)	이름	쓰는 순서	영어 표기	쓰기					
ㄱ+ㅓ	거	거	Geo	거					
ㄴ+ㅓ	너	너	Neo	너					
ㄷ+ㅓ	더	더	Deo	더					
ㄹ+ㅓ	러	러	Reo	러					
ㅁ+ㅓ	머	머	Meo	머					
ㅂ+ㅓ	버	버	Beo	버					
ㅅ+ㅓ	서	서	Seo	서					
ㅇ+ㅓ	어	어	Eo	어					
ㅈ+ㅓ	저	저	Jeo	저					
ㅊ+ㅓ	처	처	Cheo	처					
ㅋ+ㅓ	커	커	Keo	커					
ㅌ+ㅓ	터	터	Teo	터					
ㅍ+ㅓ	퍼	퍼	Peo	퍼					
ㅎ+ㅓ	허	허	Heo	허					

월 일

자음+모음(ㅗ) 읽기 [Konsonant + Vokal (ㅗ) lesen]

고	노	도	로	모
Go	No	Do	Ro	Mo
보	소	오	조	초
Bo	So	O	Jo	Cho
코	토	포	호	
Ko	To	Po	Ho	

자음+모음(ㅗ) 쓰기 [Konsonant + Vokal (ㅗ) schreiben]

고	노	도	로	모
Go	No	Do	Ro	Mo
보	소	오	조	초
Bo	So	O	Jo	Cho
코	토	포	호	
Ko	To	Po	Ho	

03 자음+모음(ㅗ) [Konsonant + Vokal (ㅗ)]

월   일

자음+모음(ㅗ) 익히기 [Konsonant+Vokal (ㅗ) lernen]

다음 자음+모음(ㅗ)을 쓰는 순서에 맞게 따라 쓰세요.

(Schreiben Sie folgende Konsonanten+Vokal (ㅗ) in der richtigen Strichfolge.)

자음+모음(ㅗ)	이름	쓰는 순서	영어 표기	쓰기					
ㄱ+ㅗ	고	고	Go	고					
ㄴ+ㅗ	노	노	No	노					
ㄷ+ㅗ	도	도	Do	도					
ㄹ+ㅗ	로	로	Ro	로					
ㅁ+ㅗ	모	모	Mo	모					
ㅂ+ㅗ	보	보	Bo	보					
ㅅ+ㅗ	소	소	So	소					
ㅇ+ㅗ	오	오	O	오					
ㅈ+ㅗ	조	조	Jo	조					
ㅊ+ㅗ	초	초	Cho	초					
ㅋ+ㅗ	코	코	Ko	코					
ㅌ+ㅗ	토	토	To	토					
ㅍ+ㅗ	포	포	Po	포					
ㅎ+ㅗ	호	호	Ho	호					

04 자음+모음(ㅜ) [Konsonant + Vokal (ㅜ)]

월 일

자음+모음(ㅜ) 읽기 [Konsonant + Vokal (ㅜ) lesen]

구	누	두	루	무
Gu	Nu	Du	Ru	Mu
부	수	우	주	추
Bu	Su	U	Ju	Chu
쿠	투	푸	후	
Ku	Tu	Pu	Hu	

자음+모음(ㅜ) 쓰기 [Konsonant + Vokal (ㅜ) schreiben]

구	누	두	루	무
Gu	Nu	Du	Ru	Mu
부	수	우	주	추
Bu	Su	U	Ju	Chu
쿠	투	푸	후	
Ku	Tu	Pu	Hu	

04 자음+모음(ㅜ) [Konsonant + Vokal (ㅜ)]

월   일

자음+모음(ㅜ) 익히기 [Konsonant+Vokal (ㅜ) lernen]

다음 자음+모음(ㅜ)을 쓰는 순서에 맞게 따라 쓰세요.

(Schreiben Sie folgende Konsonanten+Vokal (ㅜ) in der richtigen Strichfolge.)

자음+모음(ㅜ)	이름	쓰는 순서	영어 표기	쓰기					
ㄱ+ㅜ	구	구	Gu	구					
ㄴ+ㅜ	누	누	Nu	누					
ㄷ+ㅜ	두	두	Du	두					
ㄹ+ㅜ	루	루	Ru	루					
ㅁ+ㅜ	무	무	Mu	무					
ㅂ+ㅜ	부	부	Bu	부					
ㅅ+ㅜ	수	수	Su	수					
ㅇ+ㅜ	우	우	U	우					
ㅈ+ㅜ	주	주	Ju	주					
ㅊ+ㅜ	추	추	Chu	추					
ㅋ+ㅜ	쿠	쿠	Ku	쿠					
ㅌ+ㅜ	투	투	Tu	투					
ㅍ+ㅜ	푸	푸	Pu	푸					
ㅎ+ㅜ	후	후	Hu	후					

05 자음+모음(ㅡ) [Konsonant + Vokal (ㅡ)]

월 일

자음+모음(ㅡ) 읽기 [Konsonant + Vokal (ㅡ) lesen]

그	느	드	르	므
Geu	Neu	Deu	Reu	Meu
브	스	으	즈	츠
Beu	Seu	Eu	Jeu	Cheu
크	트	프	흐	
Keu	Teu	Peu	Heu	

자음+모음(ㅡ) 쓰기 [Konsonant + Vokal (ㅡ) schreiben]

그	느	드	르	므
Geu	Neu	Deu	Reu	Meu
브	스	으	즈	츠
Beu	Seu	Eu	Jeu	Cheu
크	트	프	흐	
Keu	Teu	Peu	Heu	

05 자음+모음(ㅡ) [Konsonant + Vokal (ㅡ)]

월   일

자음+모음(ㅡ) 익히기 [Konsonant+Vokal (ㅡ) lernen]

다음 자음+모음(ㅡ)을 쓰는 순서에 맞게 따라 쓰세요.

(Schreiben Sie folgende Konsonanten+Vokal (ㅡ) in der richtigen Strichfolge.)

자음+모음(ㅡ)	이름	쓰는 순서	영어 표기	쓰기				
ㄱ+ㅡ	그	그	Geu	그				
ㄴ+ㅡ	느	느	Neu	느				
ㄷ+ㅡ	드	드	Deu	드				
ㄹ+ㅡ	르	르	Reu	르				
ㅁ+ㅡ	므	므	Meu	므				
ㅂ+ㅡ	브	브	Beu	브				
ㅅ+ㅡ	스	스	Seu	스				
ㅇ+ㅡ	으	으	Eu	으				
ㅈ+ㅡ	즈	즈	Jeu	즈				
ㅊ+ㅡ	츠	츠	Cheu	츠				
ㅋ+ㅡ	크	크	Keu	크				
ㅌ+ㅡ	트	트	Teu	트				
ㅍ+ㅡ	프	프	Peu	프				
ㅎ+ㅡ	흐	흐	Heu	흐				

O6 자음+모음(ㅑ) [Konsonant + Vokal (ㅑ)]

월   일

자음+모음(ㅑ) 읽기 [Konsonant + Vokal (ㅑ) lesen]

갸	냐	댜	랴	먀
Gya	Nya	Dya	Rya	Mya
뱌	샤	야	쟈	챠
Bya	Sya	Ya	Jya	Chya
캬	탸	퍄	햐	
Kya	Tya	Pya	Hya	

자음+모음(ㅑ) 쓰기 [Konsonant + Vokal (ㅑ) schreiben]

갸	냐	댜	랴	먀
Gya	Nya	Dya	Rya	Mya
뱌	샤	야	쟈	챠
Bya	Sya	Ya	Jya	Chya
캬	탸	퍄	햐	
Kya	Tya	Pya	Hya	

06 자음+모음(ㅑ) [Konsonant + Vokal (ㅑ)]

월 일

자음+모음(ㅑ) 익히기 [Konsonant+Vokal (ㅑ) lernen]

다음 자음+모음(ㅑ)을 쓰는 순서에 맞게 따라 쓰세요.

(Schreiben Sie folgende Konsonanten+Vokal (ㅑ) in der richtigen Strichfolge.)

자음+모음(ㅑ)	이름	쓰는 순서	영어 표기	쓰기					
ㄱ+ㅑ	갸	갸	Gya	갸					
ㄴ+ㅑ	냐	냐	Nya	냐					
ㄷ+ㅑ	댜	댜	Dya	댜					
ㄹ+ㅑ	랴	랴	Rya	랴					
ㅁ+ㅑ	먀	먀	Mya	먀					
ㅂ+ㅑ	뱌	뱌	Bya	뱌					
ㅅ+ㅑ	샤	샤	Sya	샤					
ㅇ+ㅑ	야	야	Ya	야					
ㅈ+ㅑ	쟈	쟈	Jya	쟈					
ㅊ+ㅑ	챠	챠	Chya	챠					
ㅋ+ㅑ	캬	캬	Kya	캬					
ㅌ+ㅑ	탸	탸	Tya	탸					
ㅍ+ㅑ	퍄	퍄	Pya	퍄					
ㅎ+ㅑ	햐	햐	Hya	햐					

07 자음+모음(ㅕ) [Konsonant + Vokal (ㅕ)]

 월 일

자음+모음(ㅕ) 읽기 [Konsonant + Vokal (ㅕ) lesen]

겨	녀	뎌	려	며
Gyeo	Nyeo	Dyeo	Ryeo	Myeo
벼	셔	여	져	쳐
Byeo	Syeo	Yeo	Jyeo	Chyeo
켜	텨	펴	혀	
Kya	Tyeo	Pyeo	Hyeo	

자음+모음(ㅕ) 쓰기 [Konsonant + Vokal (ㅕ) schreiben]

겨	녀	뎌	려	며
Gyeo	Nyeo	Dyeo	Rya	Myeo
벼	셔	여	져	쳐
Byeo	Syeo	Yeo	Jyeo	Chyeo
켜	텨	펴	혀	
Kyeo	Tyeo	Pyeo	Hyeo	

자음+모음(ㅕ) [Konsonant + Vokal (ㅕ)]

월   일

자음+모음(ㅕ) 익히기 [Konsonant+Vokal (ㅕ) lernen]

다음 자음+모음(ㅕ)을 쓰는 순서에 맞게 따라 쓰세요.

(Schreiben Sie folgende Konsonanten+Vokal (ㅕ) in der richtigen Strichfolge.)

자음+모음(ㅕ)	이름	쓰는 순서	영어 표기	쓰기					
ㄱ+ㅕ	겨	겨	Gyeo	겨					
ㄴ+ㅕ	녀	녀	Nyeo	녀					
ㄷ+ㅕ	뎌	뎌	Dyeo	뎌					
ㄹ+ㅕ	려	려	Ryeo	려					
ㅁ+ㅕ	며	며	Myeo	며					
ㅂ+ㅕ	벼	벼	Byeo	벼					
ㅅ+ㅕ	셔	셔	Syeo	셔					
ㅇ+ㅕ	여	여	Yeo	여					
ㅈ+ㅕ	져	져	Jyeo	져					
ㅊ+ㅕ	쳐	쳐	Chyeo	쳐					
ㅋ+ㅕ	켜	켜	Kyeo	켜					
ㅌ+ㅕ	텨	텨	Tyeo	텨					
ㅍ+ㅕ	펴	펴	Pyeo	펴					
ㅎ+ㅕ	펴	혀	Hyeo	혀					

자음+모음(ㅛ) [Konsonant + Vokal (ㅛ)]

월   일

자음+모음(ㅛ) 읽기 [Konsonant + Vokal (ㅛ) lesen]

교	뇨	됴	료	묘
Gyo	Nyo	Dyo	Ryo	Myo
뵤	쇼	요	죠	쵸
Byo	Syo	Yo	Jyo	Chyo
쿄	툐	표	효	
Kyo	Tyo	Pyo	Hyo	

자음+모음(ㅛ) 쓰기 [Konsonant + Vokal (ㅛ) schreiben]

Gyo	Nyo	Dyo	Ryo	Myo
Byo	Syo	Yo	Jyo	Chyo
Kyo	Tyo	Pyo	Hyo	

08 자음+모음(ㅛ) [Konsonant + Vokal (ㅛ)]

월   일

🎵 자음+모음(ㅛ) 익히기 [Konsonant+Vokal (ㅛ) lernen]

다음 자음+모음(ㅛ)을 쓰는 순서에 맞게 따라 쓰세요.

(Schreiben Sie folgende Konsonanten+Vokal (ㅛ) in der richtigen Strichfolge.)

자음+모음(ㅛ)	이름	쓰는 순서	영어 표기	쓰기				
ㄱ+ㅛ	교		Gyo	교				
ㄴ+ㅛ	뇨		Nyo	뇨				
ㄷ+ㅛ	됴		Dyo	됴				
ㄹ+ㅛ	료		Ryo	료				
ㅁ+ㅛ	묘		Myo	묘				
ㅂ+ㅛ	뵤		Byo	뵤				
ㅅ+ㅛ	쇼		Syo	쇼				
ㅇ+ㅛ	요		Yo	요				
ㅈ+ㅛ	죠		Jyo	죠				
ㅊ+ㅛ	쵸		Chyo	쵸				
ㅋ+ㅛ	쿄		Kyo	쿄				
ㅌ+ㅛ	툐		Tyo	툐				
ㅍ+ㅛ	표		Pyo	표				
ㅎ+ㅛ	효		Hyo	효				

자음+모음(ㅠ) 읽기 [Konsonant + Vokal (ㅠ) lesen]

규	뉴	듀	류	뮤
Gyu	Nyu	Dyu	Ryu	Myu
뷰	슈	유	쥬	츄
Byu	Syu	Yu	Jyu	Chyu
큐	튜	퓨	휴	
Kyu	Tyu	Pyu	Hyu	

자음+모음(ㅠ) 쓰기 [Konsonant + Vokal (ㅠ) schreiben]

규	뉴	듀	류	뮤
Gyu	Nyu	Dyu	Ryu	Myu
뷰	슈	유	쥬	츄
Byu	Syu	Yu	Jyu	Chyu
큐	튜	퓨	휴	
Kyu	Tyu	Pyu	Hyu	

자음+모음(ㅠ) [Konsonant + Vokal (ㅠ)]

월   일

자음+모음(ㅠ) 익히기 [Konsonant+Vokal (ㅠ) lernen]

다음 자음+모음(ㅠ)을 쓰는 순서에 맞게 따라 쓰세요.

(Schreiben Sie folgende Konsonanten+Vokal (ㅠ) in der richtigen Strichfolge.)

자음+모음(ㅠ)	이름	쓰는 순서	영어 표기	쓰기					
ㄱ+ㅠ	규	규	Gyu	규					
ㄴ+ㅠ	뉴	뉴	Nyu	뉴					
ㄷ+ㅠ	듀	듀	Dyu	듀					
ㄹ+ㅠ	류	류	Ryu	류					
ㅁ+ㅠ	뮤	뮤	Myu	뮤					
ㅂ+ㅠ	뷰	뷰	Byu	뷰					
ㅅ+ㅠ	슈	슈	Syu	슈					
ㅇ+ㅠ	유	유	Yu	유					
ㅈ+ㅠ	쥬	쥬	Jyu	쥬					
ㅊ+ㅠ	츄	츄	Chyu	츄					
ㅋ+ㅠ	큐	큐	Kyu	큐					
ㅌ+ㅠ	튜	튜	Tyu	튜					
ㅍ+ㅠ	퓨	퓨	Pyu	퓨					
ㅎ+ㅠ	휴	휴	Hyu	휴					

자음+모음(ㅣ) [Konsonant + Vokal (ㅣ)]

월   일

자음+모음(ㅣ) 읽기 [Konsonant + Vokal (ㅣ) lesen]

기	니	디	리	미
Gi	Ni	Di	Ri	Mi
비	시	이	지	치
Bi	Si	I	Ji	Chi
키	티	피	히	
Ki	Ti	Pi	Hi	

자음+모음(ㅣ) 쓰기 [Konsonant + Vokal (ㅣ) schreiben]

기	니	디	리	미
Gi	Ni	Di	Ri	Mi
비	시	이	지	치
Bi	Si	I	Ji	Chi
키	티	피	히	
Ki	Ti	Pi	Hi	

10 자음+모음(ㅣ) [Konsonant + Vokal (ㅣ)]

월   일

자음+모음(ㅣ) 익히기 [Konsonant+Vokal (ㅣ) lernen]

다음 자음+모음(ㅣ)을 쓰는 순서에 맞게 따라 쓰세요.

(Schreiben Sie folgende Konsonanten+Vokal (ㅣ) in der richtigen Strichfolge.)

자음+모음(ㅣ)	이름	쓰는 순서	영어 표기	쓰기				
ㄱ+ㅣ	기	기	Gi	기				
ㄴ+ㅣ	니	니	Ni	니				
ㄷ+ㅣ	디	디	Di	디				
ㄹ+ㅣ	리	리	Ri	리				
ㅁ+ㅣ	미	미	Mi	미				
ㅂ+ㅣ	비	비	Bi	비				
ㅅ+ㅣ	시	시	Si	시				
ㅇ+ㅣ	이	이	I	이				
ㅈ+ㅣ	지	지	Ji	지				
ㅊ+ㅣ	치	치	Chi	치				
ㅋ+ㅣ	키	키	Ki	키				
ㅌ+ㅣ	티	티	Ti	티				
ㅍ+ㅣ	피	피	Pi	피				
ㅎ+ㅣ	히	히	Hi	히				

한글 자음과 모음 받침표 [Konsonanten-Vokale-Übersichtstabelle]

월 일

※참고 : 받침 'ㄱ~ㅎ'(49p~62P)에서 학습할 내용

mp3	받침	가	나	다	라	마	바	사	아	자	차	카	타	파	하
	ㄱ	각	낙	닥	락	막	박	삭	악	작	착	칵	탁	팍	학
	ㄴ	간	난	단	란	만	반	산	안	잔	찬	칸	탄	판	한
	ㄷ	갇	낟	닫	랃	맏	받	삳	앋	잗	찯	칻	탇	팓	핟
	ㄹ	갈	날	달	랄	말	발	살	알	잘	찰	칼	탈	팔	할
	ㅁ	감	남	담	람	맘	밤	삼	암	잠	참	캄	탐	팜	함
	ㅂ	갑	납	답	랍	맙	밥	삽	압	잡	찹	캅	탑	팝	합
	ㅅ	갓	낫	닷	랏	맛	밧	삿	앗	잣	찻	캇	탓	팟	핫
	ㅇ	강	낭	당	랑	망	방	상	앙	장	창	캉	탕	팡	항
	ㅈ	갖	낮	닺	랒	맞	밪	샂	앚	잦	찾	캊	탖	팢	핮
	ㅊ	갗	낯	닻	랓	맟	밫	샃	앛	잧	찿	캋	탗	팣	핯
	ㅋ	갘	낰	닼	랔	맠	밬	샄	앜	잨	챀	캌	탘	팤	핰
	ㅌ	같	낱	닽	랕	맡	밭	샅	앝	잩	챁	캍	탙	팥	핱
	ㅍ	갚	낲	닾	랖	맢	밮	샆	앞	잪	챂	캎	탚	팦	핲
	ㅎ	갛	낳	닿	랗	맣	밯	샇	앟	잫	챃	캏	탛	팧	핳

제5장

자음과 겹모음

Kapitel 5
Konsonanten und
Doppelvokale

국어국립원의 '우리말샘'에 등록되지 않은 글자. 또는 쓰임이 적은 글자를 아래와 같이 수록하니, 학습에 참고하시길 바랍니다.

페이지	'우리말샘'에 등록되지 않은 글자. 또는 쓰임이 적은 글자
42p	뎨(Dye) 볘(Bye) 졔(Jye) 쳬(Chye) 톄(Tye)
43p	돠(Dwa) 롸(Rwa) 뫄(Mwa) 톼(Twa) 퐈(Pwa)
44p	놰(Nwae) 뢔(Rwae) 뫠(Mwae) 쵀(Chwae) 퐤(Pwae)
46p	풔(Pwo)
48p	듸(Dui) 릐(Rui) 믜(Mui) 븨(Bui) 싀(Sui) 즤(Jui) 츼(Chui) 킈(Kui)
51p	랃(Rat) 앋(At) 챧(Chat) 칻(Kat) 탇(Tat) 팓(Pat)
57p	삿(Sat) 캇(Kat) 탓(Tat) 팟(Pat) 핫(Hat)
58p	랓(Rat) 맟(Mat) 밫(Bat) 샃(Sat) 앛(At) 잧(Jat) 챷(Chat) 캋(Chat) 탗(Tat) 팣(Pat) 핫(Hat)
59p	각(Gak) 낙(Nak) 닥(Dak) 락(Rak) 막(Mak) 박(Bak) 삭(Sak) 작(Jak) 착(Chak) 칵(Kak) 팍(Pak) 학(Hak)
60p	닫(Dat) 랕(Rat) 잗(Jat) 찯(Chat) 칻(Kat) 탙(Tat) 핟(Hat)
61p	닶(Dap) 맙(Map) 밥(Bap) 찹(Chap) 캅(Kap) 탑(Tap) 팝(Pap) 합(Hap)
62p	밭(Bat) 샅(Sat) 앝(At) 잩(Jat) 챁(Chat) 캍(Kat) 탙(Tat) 팥(Pat) 핥(Hat)

01 자음+겹모음(ㅐ)
[Konsonant + Doppelvokal (ㅐ)]

월 일

자음+겹모음(ㅐ) [Konsonant + Doppelvokal (ㅐ)]

다음 자음+겹모음(ㅐ)을 쓰는 순서에 맞게 따라 쓰세요.

(Schreiben Sie folgende Konsonanten+Doppelvokal (ㅐ) in der richtigen Strichfolge.)

자음+겹모음(ㅐ)	영어 표기	쓰기					
ㄱ+ㅐ	Gae	개					
ㄴ+ㅐ	Nae	내					
ㄷ+ㅐ	Dae	대					
ㄹ+ㅐ	Rae	래					
ㅁ+ㅐ	Mae	매					
ㅂ+ㅐ	Bae	배					
ㅅ+ㅐ	Sae	새					
ㅇ+ㅐ	Ae	애					
ㅈ+ㅐ	Jae	재					
ㅊ+ㅐ	Chae	채					
ㅋ+ㅐ	Kae	캐					
ㅌ+ㅐ	Tae	태					
ㅍ+ㅐ	Pae	패					
ㅎ+ㅐ	Hae	해					

O2 자음+겹모음(ㅔ)
[Konsonant + Doppelvokal (ㅔ)]

월 일

자음+겹모음(ㅔ) [Konsonant + Doppelvokal (ㅔ)]

다음 자음+겹모음(ㅔ)을 쓰는 순서에 맞게 따라 쓰세요.

(Schreiben Sie folgende Konsonanten+Doppelvokal (ㅔ) in der richtigen Strichfolge.)

자음+겹모음(ㅔ)	영어 표기	쓰기						
ㄱ+ㅔ	Ge	게						
ㄴ+ㅔ	Ne	네						
ㄷ+ㅔ	De	데						
ㄹ+ㅔ	Re	레						
ㅁ+ㅔ	Me	메						
ㅂ+ㅔ	Be	베						
ㅅ+ㅔ	Se	세						
ㅇ+ㅔ	E	에						
ㅈ+ㅔ	Je	제						
ㅊ+ㅔ	Che	체						
ㅋ+ㅔ	Ke	케						
ㅌ+ㅔ	Te	테						
ㅍ+ㅔ	Pe	페						
ㅎ+ㅔ	He	헤						

03 자음+겹모음(ㅖ)
[Konsonant + Doppelvokal (ㅖ)]

월   일

자음+겹모음(ㅖ) [Konsonant + Doppelvokal (ㅖ)]

다음 자음+겹모음(ㅖ)을 쓰는 순서에 맞게 따라 쓰세요.

(Schreiben Sie folgende Konsonanten+Doppelvokal (ㅖ) in der richtigen Strichfolge.)

자음+겹모음(ㅖ)	영어 표기	쓰기					
ㄱ+ㅖ	Gye	계					
ㄴ+ㅖ	Nye	녜					
ㄷ+ㅖ	Dye	뎨					
ㄹ+ㅖ	Rye	례					
ㅁ+ㅖ	Mye	몌					
ㅂ+ㅖ	Bye	볘					
ㅅ+ㅖ	Sye	셰					
ㅇ+ㅖ	Ye	예					
ㅈ+ㅖ	Jye	졔					
ㅊ+ㅖ	Chye	쳬					
ㅋ+ㅖ	Kye	켸					
ㅌ+ㅖ	Tye	톄					
ㅍ+ㅖ	Pye	폐					
ㅎ+ㅖ	Hye	혜					

04 자음+겹모음(ㅘ)
[Konsonant + Doppelvokal (ㅘ)]

월   일

자음+겹모음(ㅘ) [Konsonant + Doppelvokal (ㅘ)]

다음 자음+겹모음(ㅘ)을 쓰는 순서에 맞게 따라 쓰세요.

(Schreiben Sie folgende Konsonanten+Doppelvokal (ㅘ) in der richtigen Strichfolge.)

자음+겹모음(ㅘ)	영어 표기	쓰기					
ㄱ+ㅘ	Gwa	과					
ㄴ+ㅘ	Nwa	놔					
ㄷ+ㅘ	Dwa	돠					
ㄹ+ㅘ	Rwa	롸					
ㅁ+ㅘ	Mwa	뫄					
ㅂ+ㅘ	Bwa	봐					
ㅅ+ㅘ	Swa	솨					
ㅇ+ㅘ	Wa	와					
ㅈ+ㅘ	Jwa	좌					
ㅊ+ㅘ	Chwa	촤					
ㅋ+ㅘ	Kwa	콰					
ㅌ+ㅘ	Twa	톼					
ㅍ+ㅘ	Pwa	퐈					
ㅎ+ㅘ	Hwa	화					

05 자음+겹모음(ㅙ)
[Konsonant + Doppelvokal (ㅙ)]

월   일

자음+겹모음(ㅙ) [Konsonant + Doppelvokal (ㅙ)]

다음 자음+겹모음(ㅙ)을 쓰는 순서에 맞게 따라 쓰세요.

(Schreiben Sie folgende Konsonanten+Doppelvokal (ㅙ) in der richtigen Strichfolge.)

자음+겹모음(ㅙ)	영어 표기	쓰기						
ㄱ+ㅙ	Gwae	괘						
ㄴ+ㅙ	Nwae	내						
ㄷ+ㅙ	Dwae	돼						
ㄹ+ㅙ	Rwae	뢔						
ㅁ+ㅙ	Mwae	뫠						
ㅂ+ㅙ	Bwae	뵈						
ㅅ+ㅙ	Swae	쇄						
ㅇ+ㅙ	Wae	왜						
ㅈ+ㅙ	Jwae	좨						
ㅊ+ㅙ	Chwae	쵀						
ㅋ+ㅙ	Kwae	쾌						
ㅌ+ㅙ	Twae	퇘						
ㅍ+ㅙ	Pwae	퐤						
ㅎ+ㅙ	Hwae	홰						

06 # 자음+겹모음(ㅚ)
[Konsonant + Doppelvokal (ㅚ)]

월   일

三 자음+겹모음(ㅚ) [Konsonant + Doppelvokal (ㅚ)]

다음 자음+겹모음(ㅚ)을 쓰는 순서에 맞게 따라 쓰세요.

(Schreiben Sie folgende Konsonanten+Doppelvokal (ㅚ) in der richtigen Strichfolge.)

자음+겹모음(ㅚ)	영어 표기	쓰기					
ㄱ+ㅚ	Goe	괴					
ㄴ+ㅚ	Noe	뇌					
ㄷ+ㅚ	Doe	되					
ㄹ+ㅚ	Roe	뢰					
ㅁ+ㅚ	Moe	뫼					
ㅂ+ㅚ	Boe	뵈					
ㅅ+ㅚ	Soe	쇠					
ㅇ+ㅚ	Oe	외					
ㅈ+ㅚ	Joe	죄					
ㅊ+ㅚ	Choe	최					
ㅋ+ㅚ	Koe	쾨					
ㅌ+ㅚ	Toe	퇴					
ㅍ+ㅚ	Poe	푀					
ㅎ+ㅚ	Hoe	회					

07 자음+겹모음(ㅝ)
[Konsonant + Doppelvokal (ㅝ)]

월   일

자음+겹모음(ㅝ) [Konsonant + Doppelvokal (ㅝ)]

다음 자음+겹모음(ㅝ)을 쓰는 순서에 맞게 따라 쓰세요.
(Schreiben Sie folgende Konsonanten+Doppelvokal (ㅝ) in der richtigen Strichfolge.)

자음+겹모음(ㅝ)	영어 표기	쓰기					
ㄱ+ㅝ	Gwo	궈					
ㄴ+ㅝ	Nwo	눠					
ㄷ+ㅝ	Dwo	둬					
ㄹ+ㅝ	Rwo	뤄					
ㅁ+ㅝ	Mwo	뭐					
ㅂ+ㅝ	Bwo	붜					
ㅅ+ㅝ	Swo	숴					
ㅇ+ㅝ	Wo	워					
ㅈ+ㅝ	Jwo	줘					
ㅊ+ㅝ	Chwo	춰					
ㅋ+ㅝ	Kwo	쿼					
ㅌ+ㅝ	Two	퉈					
ㅍ+ㅝ	Pwo	풔					
ㅎ+ㅝ	Hwo	훠					

08 자음+겹모음(ㅟ)
[Konsonant + Doppelvokal (ㅟ)]

월   일

二 자음+겹모음(ㅟ) [Konsonant + Doppelvokal (ㅟ)]

다음 자음+겹모음(ㅟ)을 쓰는 순서에 맞게 따라 쓰세요.
(Schreiben Sie folgende Konsonanten+Doppelvokal (ㅟ) in der richtigen Strichfolge.)

자음+겹모음(ㅟ)	영어 표기	쓰기					
ㄱ+ㅟ	Gwi	귀					
ㄴ+ㅟ	Nwi	뉘					
ㄷ+ㅟ	Dwi	뒤					
ㄹ+ㅟ	Rwi	뤼					
ㅁ+ㅟ	Mwi	뮈					
ㅂ+ㅟ	Bwi	뷔					
ㅅ+ㅟ	Swi	쉬					
ㅇ+ㅟ	Wi	위					
ㅈ+ㅟ	Jwi	쥐					
ㅊ+ㅟ	Chwi	취					
ㅋ+ㅟ	Kwi	퀴					
ㅌ+ㅟ	Twi	튀					
ㅍ+ㅟ	Pwi	퓌					
ㅎ+ㅟ	Hwi	휘					

09 자음+겹모음(ㅟ)
[Konsonant + Doppelvokal (ㅟ)]

월   일

자음+겹모음(ㅟ) [Konsonant + Doppelvokal (ㅟ)]

다음 자음+겹모음(ㅟ)을 쓰는 순서에 맞게 따라 쓰세요.

(Schreiben Sie folgende Konsonanten+Doppelvokal (ㅟ) in der richtigen Strichfolge.)

자음+겹모음(ㅟ)	영어 표기	쓰기					
ㄱ+ㅟ	Gwi	귀					
ㄴ+ㅟ	Nwi	뉘					
ㄷ+ㅟ	Dwi	뒤					
ㄹ+ㅟ	Rwi	뤼					
ㅁ+ㅟ	Mwi	뮈					
ㅂ+ㅟ	Bwi	뷔					
ㅅ+ㅟ	Swi	쉬					
ㅇ+ㅟ	Wi	위					
ㅈ+ㅟ	Jwi	쥐					
ㅊ+ㅟ	Chwi	취					
ㅋ+ㅟ	Kwi	퀴					
ㅌ+ㅟ	Twi	튀					
ㅍ+ㅟ	Pwi	퓌					
ㅎ+ㅟ	Hwi	휘					

10 받침 ㄱ(기역)이 있는 글자
[Schriftzeichen mit dem Endkonsonanten 'ㄱ'(Giyeok)]

월   일

받침 ㄱ(기역) [Endkosonant 'ㄱ'(Giyeok)]

다음 받침 ㄱ(기역)이 들어간 글자를 쓰는 순서에 맞게 따라 쓰세요.
(Schreiben Sie die folgenden Buchstaben mit dem Endkonsonanten 'ㄱ'(Giyeok)
in der richtigen Strichfolge.)

받침 ㄱ(기역)	영어 표기	쓰기						
가+ㄱ	Gak	각						
나+ㄱ	Nak	낙						
다+ㄱ	Dak	닥						
라+ㄱ	Rak	락						
마+ㄱ	Mak	막						
바+ㄱ	Bak	박						
사+ㄱ	Sak	삭						
아+ㄱ	Ak	악						
자+ㄱ	Jak	작						
차+ㄱ	Chak	착						
카+ㄱ	Kak	칵						
타+ㄱ	Tak	탁						
파+ㄱ	Pak	팍						
하+ㄱ	Hak	학						

11

받침 ㄴ(니은)이 있는 글자

[Schriftzeichen mit dem Endkonsonanten 'ㄴ'(Nieun)]

월   일

받침 ㄴ(니은) [Endkosonant 'ㄴ'(Nieun)]

다음 받침 ㄴ(니은)이 들어간 글자를 쓰는 순서에 맞게 따라 쓰세요.
(Schreiben Sie die folgenden Buchstaben mit dem Endkonsonanten 'ㄴ'(Nieun)
in der richtigen Strichfolge.)

받침 ㄴ(니은)	영어 표기	쓰기				
가+ㄴ	Gan	간				
나+ㄴ	Nan	난				
다+ㄴ	Dan	단				
라+ㄴ	Ran	란				
마+ㄴ	Man	만				
바+ㄴ	Ban	반				
사+ㄴ	San	산				
아+ㄴ	An	안				
자+ㄴ	Jan	잔				
차+ㄴ	Chan	찬				
카+ㄴ	Kan	칸				
타+ㄴ	Tan	탄				
파+ㄴ	Pan	판				
하+ㄴ	Han	한				

12 받침 ㄷ(디귿)이 있는 글자
[Schriftzeichen mit dem Endkonsonanten 'ㄷ'(Digeut)]

ㄷ 받침 ㄷ(디귿) [Endkosonant 'ㄷ'(Digeut)]

다음 받침 ㄷ(디귿)이 들어간 글자를 쓰는 순서에 맞게 따라 쓰세요.
(Schreiben Sie die folgenden Buchstaben mit dem Endkonsonanten 'ㄷ'(Digeut)
in der richtigen Strichfolge.)

받침 ㄷ(디귿)	영어 표기	쓰기						
가+ㄷ	Gat	갇						
나+ㄷ	Nat	낟						
다+ㄷ	Dat	닫						
라+ㄷ	Rat	랃						
마+ㄷ	Mat	맏						
바+ㄷ	Bat	받						
사+ㄷ	Sat	삳						
아+ㄷ	At	앋						
자+ㄷ	Jat	잗						
차+ㄷ	Chat	찯						
카+ㄷ	Kat	칻						
타+ㄷ	Tat	탇						
파+ㄷ	Pat	팓						
하+ㄷ	Hat	핟						

13 받침 ㄹ(리을)이 있는 글자
[Schriftzeichen mit dem Endkonsonanten 'ㄹ'(Rieul)]

받침 ㄹ(리을) [Endkosonant 'ㄹ'(Rieul)]

다음 받침 ㄹ(리을)이 들어간 글자를 쓰는 순서에 맞게 따라 쓰세요.
(Schreiben Sie die folgenden Buchstaben mit dem Endkonsonanten 'ㄹ'(Rieul)
in der richtigen Strichfolge.)

받침 ㄹ(리을)	영어 표기	쓰기					
가+ㄹ	Gal	갈					
나+ㄹ	Nal	날					
다+ㄹ	Dal	달					
라+ㄹ	Ral	랄					
마+ㄹ	Mal	말					
바+ㄹ	Bal	발					
사+ㄹ	Sal	살					
아+ㄹ	Al	알					
자+ㄹ	Jal	잘					
차+ㄹ	Chal	찰					
카+ㄹ	Kal	칼					
타+ㄹ	Tal	탈					
파+ㄹ	Pal	팔					
하+ㄹ	Hal	할					

14 받침 ㅁ(미음)이 있는 글자
[Schriftzeichen mit dem Endkonsonanten 'ㅁ'(Mieum)]

월 일

받침 ㅁ(미음) Endkosonant 'ㅁ'(Mieum)]

다음 받침 ㅁ(미음)이 들어간 글자를 쓰는 순서에 맞게 따라 쓰세요.
(Schreiben Sie die folgenden Buchstaben mit dem Endkonsonanten 'ㅁ'(Mieum)
in der richtigen Strichfolge.)

받침 ㅁ(미음)	영어 표기	쓰기						
가+ㅁ	Gam	감						
나+ㅁ	Nam	남						
다+ㅁ	Dam	담						
라+ㅁ	Ram	람						
마+ㅁ	Mam	맘						
바+ㅁ	Bam	밤						
사+ㅁ	Sam	삼						
아+ㅁ	Am	암						
자+ㅁ	Jam	잠						
차+ㅁ	Cham	참						
카+ㅁ	Kam	캄						
타+ㅁ	Tam	탐						
파+ㅁ	Pam	팜						
하+ㅁ	Ham	함						

15 받침 ㅂ(비읍)이 있는 글자
[Schriftzeichen mit dem Endkonsonanten 'ㅂ'(Bieup)]

월   일

받침 ㅂ(비읍) [Endkosonant 'ㅂ'(Bieup)]

다음 받침 ㅂ(비읍)이 들어간 글자를 쓰는 순서에 맞게 따라 쓰세요.
(Schreiben Sie die folgenden Buchstaben mit dem Endkonsonanten 'ㅂ'(Bieup)
in der richtigen Strichfolge.)

받침 ㅂ(비읍)	영어 표기	쓰기					
가+ㅂ	Gap	갑					
나+ㅂ	Nap	납					
다+ㅂ	Dap	답					
라+ㅂ	Rap	랍					
마+ㅂ	Map	맙					
바+ㅂ	Bap	밥					
사+ㅂ	Sap	삽					
아+ㅂ	Ap	압					
자+ㅂ	Jap	잡					
차+ㅂ	Chap	찹					
카+ㅂ	Kap	캅					
타+ㅂ	Tap	탑					
파+ㅂ	Pap	팝					
하+ㅂ	Hap	합					

16 받침 ㅅ(시옷)이 있는 글자

[Schriftzeichen mit dem Endkonsonanten 'ㅅ'(Siot)]

월   일

받침 ㅅ(시옷) [Endkosonant 'ㅅ'(Siot)]

다음 받침 ㅅ(시옷)이 들어간 글자를 쓰는 순서에 맞게 따라 쓰세요.
(Schreiben Sie die folgenden Buchstaben mit dem Endkonsonanten 'ㅅ'(Siot)
in der richtigen Strichfolge.)

받침 ㅅ(시옷)	영어 표기	쓰기					
가+ㅅ	Gat	갓					
나+ㅅ	Nat	낫					
다+ㅅ	Dat	닷					
라+ㅅ	Rat	랏					
마+ㅅ	Mat	맛					
바+ㅅ	Bat	밧					
사+ㅅ	Sat	삿					
아+ㅅ	At	앗					
자+ㅅ	Jat	잣					
차+ㅅ	Chat	찻					
카+ㅅ	Kat	캇					
타+ㅅ	Tat	탓					
파+ㅅ	Pat	팟					
하+ㅅ	Hat	핫					

17 받침 ㅇ(이응)이 있는 글자

[Schriftzeichen mit dem Endkonsonanten 'ㅇ'(Ieung)]

월 일

받침 ㅇ(이응) [Endkosonant 'ㅇ'(Ieung)]

다음 받침 ㅇ(이응)이 들어간 글자를 쓰는 순서에 맞게 따라 쓰세요.
(Schreiben Sie die folgenden Buchstaben mit dem Endkonsonanten 'ㅇ'(Ieung)
in der richtigen Strichfolge.)

받침 ㅇ(이응)	영어 표기	쓰기						
가+ㅇ	Gang	강						
나+ㅇ	Nang	낭						
다+ㅇ	Dang	당						
라+ㅇ	Rang	랑						
마+ㅇ	Mang	망						
바+ㅇ	Bang	방						
사+ㅇ	Sang	상						
아+ㅇ	Ang	앙						
자+ㅇ	Jang	장						
차+ㅇ	Chang	창						
카+ㅇ	Kang	캉						
타+ㅇ	Tang	탕						
파+ㅇ	Pang	팡						
하+ㅇ	Hang	항						

받침 ㅈ(지읒) [Endkosonant 'ㅈ'(Jieut)]

다음 받침 ㅈ(지읒)이 들어간 글자를 쓰는 순서에 맞게 따라 쓰세요.
(Schreiben Sie die folgenden Buchstaben mit dem Endkonsonanten 'ㅈ'(Jieut)
in der richtigen Strichfolge.)

받침 ㅈ(지읒)	영어 표기	쓰기					
가+ㅈ	Gat	갖					
나+ㅈ	Nat	낮					
다+ㅈ	Dat	닺					
라+ㅈ	Rat	랒					
마+ㅈ	Mat	맞					
바+ㅈ	Bat	밪					
사+ㅈ	Sat	샂					
아+ㅈ	At	앚					
자+ㅈ	Jat	잦					
차+ㅈ	Chat	찾					
카+ㅈ	Kat	캊					
타+ㅈ	Tat	탖					
파+ㅈ	Pat	팢					
하+ㅈ	Hat	핮					

19 받침 ㅊ(치읓)이 있는 글자
[Schriftzeichen mit dem Endkonsonanten 'ㅊ'(Chieut)]

월 일

받침 ㅊ(치읓) [Endkosonant 'ㅊ'(Chieut)]

다음 받침 ㅊ(치읓)이 들어간 글자를 쓰는 순서에 맞게 따라 쓰세요.
(Schreiben Sie die folgenden Buchstaben mit dem Endkonsonanten 'ㅊ'(Chieut)
in der richtigen Strichfolge.)

받침 ㅊ(치읓)	영어 표기	쓰기						
가+ㅊ	Gat	갖						
나+ㅊ	Nat	낮						
다+ㅊ	Dat	닺						
라+ㅊ	Rat	랓						
마+ㅊ	Mat	맞						
바+ㅊ	Bat	밫						
사+ㅊ	Sat	샂						
아+ㅊ	At	앚						
자+ㅊ	Jat	잧						
차+ㅊ	Chat	챷						
카+ㅊ	Kat	캋						
타+ㅊ	Tat	탓						
파+ㅊ	Pat	팣						
하+ㅊ	Hat	핯						

20 받침 ㅋ(키읔)이 있는 글자
[Schriftzeichen mit dem Endkonsonanten 'ㅋ'(Kieuk)]

월　일

받침 ㅋ(키읔) [Endkosonant 'ㅋ'(Kieuk)]

다음 받침 ㅋ(키읔)이 들어간 글자를 쓰는 순서에 맞게 따라 쓰세요.
(Schreiben Sie die folgenden Buchstaben mit dem Endkonsonanten 'ㅋ'(Kieuk) in der richtigen Strichfolge.)

받침 ㅋ(키읔)	영어 표기	쓰기					
가+ㅋ	Gak	각					
나+ㅋ	Nak	낙					
다+ㅋ	Dak	닥					
라+ㅋ	Rak	락					
마+ㅋ	Mak	막					
바+ㅋ	Bak	박					
사+ㅋ	Sak	삭					
아+ㅋ	Ak	악					
자+ㅋ	Jak	작					
차+ㅋ	Chak	착					
카+ㅋ	Kak	칵					
타+ㅋ	Tak	탁					
파+ㅋ	Pak	팍					
하+ㅋ	Hak	학					

21 받침 ㅌ(티읕)이 있는 글자

[Schriftzeichen mit dem Endkonsonanten 'ㅌ'(Tieut)]

월　일

받침 ㅌ(티읕) [Endkosonant 'ㅌ'(Tieut)]

다음 받침 ㅌ(티읕)이 들어간 글자를 쓰는 순서에 맞게 따라 쓰세요.
(Schreiben Sie die folgenden Buchstaben mit dem Endkonsonanten 'ㅌ'(Tieut)
in der richtigen Strichfolge.)

받침 ㅌ(티읕)	영어 표기	쓰기					
가+ㅌ	Gat	같					
나+ㅌ	Nat	낱					
다+ㅌ	Dat	닽					
라+ㅌ	Rat	랕					
마+ㅌ	Mat	맡					
바+ㅌ	Bat	밭					
사+ㅌ	Sat	샅					
아+ㅌ	At	앝					
자+ㅌ	Jat	잩					
차+ㅌ	Chat	챁					
카+ㅌ	Kat	캍					
타+ㅌ	Tat	탙					
파+ㅌ	Pat	팥					
하+ㅌ	Hat	핱					

22 받침 ㅍ(피읖)이 있는 글자
[Schriftzeichen mit dem Endkonsonanten 'ㅍ'(Pieup)]

월 일

받침 ㅍ(피읖) [Endkosonant 'ㅍ'(Pieup)]

다음 받침 ㅍ(피읖)이 들어간 글자를 쓰는 순서에 맞게 따라 쓰세요.
(Schreiben Sie die folgenden Buchstaben mit dem Endkonsonanten 'ㅍ'(Pieup) in der richtigen Strichfolge.)

받침 ㅍ(피읖)	영어 표기	쓰기						
가+ㅍ	Gap	갚						
나+ㅍ	Nap	낲						
다+ㅍ	Dap	닾						
라+ㅍ	Rap	랖						
마+ㅍ	Map	맢						
바+ㅍ	Bap	밮						
사+ㅍ	Sap	샆						
아+ㅍ	Ap	앞						
자+ㅍ	Jap	잪						
차+ㅍ	Chap	챂						
카+ㅍ	Kap	캎						
타+ㅍ	Tap	탚						
파+ㅍ	Pap	팦						
하+ㅍ	Hap	핲						

23 받침 ㅎ(히읗)이 있는 글자
[Schriftzeichen mit dem Endkonsonanten 'ㅎ'(Hieut)]

월   일

받침 ㅎ(히읗) [Endkosonant 'ㅎ'(Hieut)]

다음 받침 ㅎ(히읗)이 들어간 글자를 쓰는 순서에 맞게 따라 쓰세요.
(Schreiben Sie die folgenden Buchstaben mit dem Endkonsonanten 'ㅎ'(Hieut) in der richtigen Strichfolge.)

받침 ㅎ(히읗)	영어 표기	쓰기					
가+ㅎ	Gat	갛					
나+ㅎ	Nat	낳					
다+ㅎ	Dat	닿					
라+ㅎ	Rat	랗					
마+ㅎ	Mat	맣					
바+ㅎ	Bat	밯					
사+ㅎ	Sat	샇					
아+ㅎ	At	앟					
자+ㅎ	Jat	잫					
차+ㅎ	Chat	챃					
카+ㅎ	Kat	캏					
타+ㅎ	Tat	탛					
파+ㅎ	Pat	팧					
하+ㅎ	Hat	핳					

제6장

주제별 낱말

Kapitel 6
Wortschatz nach Themen

■ 다음을 쓰는 순서에 맞게 따라 쓰세요.
(Schreibe die folgenden Wörter in der richtigen Strichfolge.)

사과 Apfel

사	과				

배 Birne

배					

바나나 Banane

바	나	나			

딸기 Erdbeere

딸	기				

토마토 Tomate

토	마	토			

 **01**

과일 [Obst]

월   일

■ 다음을 쓰는 순서에 맞게 따라 쓰세요.
(Schreibe die folgenden Wörter in der richtigen Strichfolge.)

수박 Wassermelone

| 수 | 박 | | | | | |

복숭아 Pfirsich

| 복 | 숭 | 아 | | | | |

오렌지 Orange

| 오 | 렌 | 지 | | | | |

귤 Mandarine

| 귤 | | | | | | |

키위 Kiwi

| 키 | 위 | | | | | |

01 과일 [Obst]

월   일

■ 다음을 쓰는 순서에 맞게 따라 쓰세요.
(Schreibe die folgenden Wörter in der richtigen Strichfolge.)

참	외				
파	인	애	플		
레	몬				
감					
포	도				

참외 Honigmelone

파인애플 Ananas

레몬 Zitrone

감 Kaki

포도 Traube

 **O2**

동물 [Tier]

■ 다음을 쓰는 순서에 맞게 따라 쓰세요.
(Schreibe die folgenden Wörter in der richtigen Strichfolge.)

타조 Strauß

타 조

호랑이 Tiger

호 랑 이

사슴 Hirsch

사 슴

고양이 Katze

고 양 이

여우 Fuchs

여 우

동물 [Tier]

월   일

■ 다음을 쓰는 순서에 맞게 따라 쓰세요.
(Schreibe die folgenden Wörter in der richtigen Strichfolge.)

사 자				

사자 Löwe

코 끼 리				

코끼리 Elefant

돼 지				

돼지 Schwein

강 아 지				

강아지 Hund

토 끼				

토끼 Hase

동물 [Tier]

월   일

■ 다음을 쓰는 순서에 맞게 따라 쓰세요.
(Schreibe die folgenden Wörter in der richtigen Strichfolge.)

기 린

곰

원 숭 이

너 구 리

거 북 이

기린 Giraffe

곰 Bär

원숭이 Affe

너구리 Waschbär

거북이 Schildkröte

■ 다음을 쓰는 순서에 맞게 따라 쓰세요.
(Schreibe die folgenden Wörter in der richtigen Strichfolge.)

배추 Chinakohl

배	추				

당근 Karotte

당	근				

마늘 Knoblauch

마	늘				

시금치 Spinat

시	금	치			

미나리
Koreanische
Petersilie

미	나	리			

채소 [Gemüse]

월   일

■ 다음을 쓰는 순서에 맞게 따라 쓰세요.
  (Schreibe die folgenden Wörter in der richtigen Strichfolge.)

무 Bierrettich

상추 Pflücksalat

양파 Zwiebel

부추 Schnittlauch

감자 Kartoffel

무						
상	추					
양	파					
부	추					
감	자					

채소 [Gemüse]

월   일

■ 다음을 쓰는 순서에 맞게 따라 쓰세요.
(Schreibe die folgenden Wörter in der richtigen Strichfolge.)

오	이				

오이 Gurke

파					

파
Frühlingszwiebel

가	지				

가지 Aubergine

고	추				

고추 Chili

양	배	추			

양배추 Kohl

직업 [Beruf]

월   일

■ 다음을 쓰는 순서에 맞게 따라 쓰세요.
(Schreibe die folgenden Wörter in der richtigen Strichfolge.)

경	찰	관			
소	방	관			
요	리	사			
환	경	미	화	원	
화	가				

경찰관 Polizist

소방관 Feuerwehrmann

요리사 Koch

환경미화원 Müllwerker

화가 Maler

월   일

■ 다음을 쓰는 순서에 맞게 따라 쓰세요.
(Schreibe die folgenden Wörter in der richtigen Strichfolge.)

간	호	사			
회	사	원			
미	용	사			
가	수				
소	설	가			

간호사
Krankenschwester

회사원
Büroangestellte

미용사 Friseur

가수 Sänger

소설가
Schriftsteller

04 직업 [Beruf]

■ 다음을 쓰는 순서에 맞게 따라 쓰세요.
(Schreibe die folgenden Wörter in der richtigen Strichfolge.)

의사 Arzt

의 사

선생님 Lehrer

선 생 님

주부 Hausfrau

주 부

운동선수 Sportler

운 동 선 수

우편집배원
Briefträger

우 편 집 배 원

O5

음식 [Speise]

월   일

■ 다음을 쓰는 순서에 맞게 따라 쓰세요.
(Schreibe die folgenden Wörter in der richtigen Strichfolge.)

김	치	찌	개			
미	역	국				
김	치	볶	음	밥		
돈	가	스				
국	수					

김치찌개
Kimchi-Eintopf

미역국
Seetangsuppe

김치볶음밥 Gebratener
Reis mit Kimchi

돈가스 Tonkatsu

국수 Nudeln

05

음식 [Speise]

■ 다음을 쓰는 순서에 맞게 따라 쓰세요.
(Schreibe die folgenden Wörter in der richtigen Strichfolge.)

된	장	찌	개			
불	고	기				
김	밥					
라	면					
떡						

된장찌개 Suppeneintopf mit Sojabohnenpaste

불고기 Bulgogi

김밥 Gimbap

라면 Ramyeon

떡 Reiskuchen

O5 음식 [Speise]

월   일

■ 다음을 쓰는 순서에 맞게 따라 쓰세요.
(Schreibe die folgenden Wörter in der richtigen Strichfolge.)

순두부찌개
Eintopf mit Seidentofu

순 두 부 찌 개

비빔밥 Bibimbap

비 빔 밥

만두 Teigtaschen

만 두

피자 Pizza

피 자

케이크 Torte

케 이 크

06 위치 [Lage]

월   일

■ 다음을 쓰는 순서에 맞게 따라 쓰세요.
(Schreibe die folgenden Wörter in der richtigen Strichfolge.)

앞					
뒤					
위					
아	래				
오	른	쪽			

앞 vorne

뒤 hinten

위 oben

아래 unter

오른쪽 rechts

위치 [Lage]

■ 다음을 쓰는 순서에 맞게 따라 쓰세요.
(Schreibe die folgenden Wörter in der richtigen Strichfolge.)

왼쪽 links

옆 neben

안 innen

밖 außen

밑 unten

왼	쪽					
옆						
안						
밖						
밑						

O6 위치 [Lage]

월   일

■ 다음을 쓰는 순서에 맞게 따라 쓰세요.
(Schreibe die folgenden Wörter in der richtigen Strichfolge.)

사이 zwischen

사	이				

동쪽 ost

동	쪽				

서쪽 west

서	쪽				

남쪽 süd

남	쪽				

북쪽 nord

북	쪽				

O7

탈것 [Fahrzeug]

월   일

■ 다음을 쓰는 순서에 맞게 따라 쓰세요.
(Schreibe die folgenden Wörter in der richtigen Strichfolge.)

버 스					
비 행 기					
배					
오 토 바 이					
소 방 차					

버스 Bus

비행기 Flugzeug

배 Schiff

오토바이 Motorrad

소방차 Feuerwehr

07

탈 것 [Fahrzeug]

월   일

■ 다음을 쓰는 순서에 맞게 따라 쓰세요.
(Schreibe die folgenden Wörter in der richtigen Strichfolge.)

자동차 Auto

자 동 차

지하철 U-Bahn

지 하 철

기차 Zug

기 차

헬리콥터
Hubschrauber

헬 리 콥 터

포클레인 Bagger

포 클 레 인

07 탈것 [Fahrzeug]

월 일

■ 다음을 쓰는 순서에 맞게 따라 쓰세요.
(Schreibe die folgenden Wörter in der richtigen Strichfolge.)

택시 Taxi

택시

자전거 Fahrrad

자전거

트럭 LKW

트럭

구급차
Rettungswagen

구급차

기구
Heißluftballon

기구

08 장소 [Ort]

월 일

■ 다음을 쓰는 순서에 맞게 따라 쓰세요.
(Schreibe die folgenden Wörter in der richtigen Strichfolge.)

집						
학	교					
백	화	점				
우	체	국				
약	국					

집 Haus

학교 Schule

백화점 Kaufhaus

우체국 Post

약국 Apotheke

장소 [Ort]

■ 다음을 쓰는 순서에 맞게 따라 쓰세요.
(Schreibe die folgenden Wörter in der richtigen Strichfolge.)

시 장					
식 당					
슈 퍼 마 켓					
서 점					
공 원					

시장 Markt

식당 Restaurant

슈퍼마켓
Supermarkt

서점
Buchhandlung

공원 Park

 **08**

장소 [Ort]

월 일

■ 다음을 쓰는 순서에 맞게 따라 쓰세요.
(Schreibe die folgenden Wörter in der richtigen Strichfolge.)

은	행				
병	원				
문	구	점			
미	용	실			
극	장				

은행 Bank

병원 Krankenhaus

문구점
Schreibwarengeschäft

미용실
Friseursalon

극장 Theater

월　　일

■ 다음을 쓰는 순서에 맞게 따라 쓰세요.
(Schreibe die folgenden Wörter in der richtigen Strichfolge.)

봄					
여 름					
가 을					
겨 울					
맑 다					

봄 Frühling

여름 Sommer

가을 Herbst

겨울 Winter

맑다 klar

계절, 날씨 [Jahreszeit, Wetter]

월   일

■ 다음을 쓰는 순서에 맞게 따라 쓰세요.
(Schreibe die folgenden Wörter in der richtigen Strichfolge.)

흐	리	다				

흐리다 bewölkt

바	람	이		분	다	

바람이 분다
Es ist windig

비	가		온	다		

비가 온다
Es regnet

비	가		그	친	다	

비가 그친다
Der regen hört auf

눈	이		온	다		

눈이 온다
Es schneit

계절, 날씨 [Jahreszeit, Wetter]

■ 다음을 쓰는 순서에 맞게 따라 쓰세요.

(Schreibe die folgenden Wörter in der richtigen Strichfolge.)

구	름	이		낀	다	

구름이 낀다
Es ist bewölkt

덥	다					

덥다 heiß

춥	다					

춥다 kalt

따	뜻	하	다			

따뜻하다 warm

시	원	하	다			

시원하다 kühl

집 안의 사물 [Haushaltsgegenstand]

월 일

■ 다음을 쓰는 순서에 맞게 따라 쓰세요.
(Schreibe die folgenden Wörter in der richtigen Strichfolge.)

소	파					
욕	조					
거	울					
샤	워	기				
변	기					

소파 Sofa

욕조 Badewanne

거울 Spiegel

샤워기 Dusche

변기 Klo

10 집 안의 사물 [Haushaltsgegenstand]

월   일

■ 다음을 쓰는 순서에 맞게 따라 쓰세요.
(Schreibe die folgenden Wörter in der richtigen Strichfolge.)

싱	크	대				
부	엌					
거	실					
안	방					
옷	장					

싱크대
Waschbecken

부엌 Küche

거실 Wohnzimmer

안방 Schlafzimmer

옷장
Kleiderschrank

92 ● 독일어를 사용하는 국민을 위한 기초 한글 배우기
Grundlagen des koreanischen Alphabets für Deutschsprachige

10 집 안의 사물 [Haushaltsgegenstand]

■ 다음을 쓰는 순서에 맞게 따라 쓰세요.
(Schreibe die folgenden Wörter in der richtigen Strichfolge.)

화	장	대			

화장대
Schminktisch

식	탁				

식탁 Esstisch

책	장				

책장 Bücherregal

작	은	방			

작은방
kleines Zimmer

침	대				

침대 Bett

가족 명칭 [Familienmitglied]

월   일

■ 다음을 쓰는 순서에 맞게 따라 쓰세요.
(Schreibe die folgenden Wörter in der richtigen Strichfolge.)

할	머	니			

할머니 Großmutter

할	아	버	지		

할아버지 Großvater

아	버	지			

아버지 Vater

어	머	니			

어머니 Mutter

오	빠				

오빠 Älterer Bruder
(von jüngerer Schwester)

11 가족 명칭 [Familienmitglied]

월   일

■ 다음을 쓰는 순서에 맞게 따라 쓰세요.
(Schreibe die folgenden Wörter in der richtigen Strichfolge.)

형 Älterer bruder
(vom jüngeren Bruder)

나 Ich

남동생 jüngerer
Bruder

여동생 jüngere
Schwester

언니 ältere Schwester
(von jüngerer Schwester)

형						
나						
남	동	생				
여	동	생				
언	니					

가족 명칭 [Familienmitglied]

월   일

■ 다음을 쓰는 순서에 맞게 따라 쓰세요.
(Schreibe die folgenden Wörter in der richtigen Strichfolge.)

누나 ältere Schwester
(vom jüngeren Bruder)

삼촌 Onkel

고모 Tante
(Schwester des Vaters)

이모 Tante
(Schwester der Mutter)

이모부 Onkel
(Ehemann der Schwester
der Mutter)

누	나				
삼	촌				
고	모				
이	모				
이	모	부			

12 학용품 [Schulbedarf]

월   일

■ 다음을 쓰는 순서에 맞게 따라 쓰세요.
(Schreibe die folgenden Wörter in der richtigen Strichfolge.)

공	책					
스	케	치	북			
색	연	필				
가	위					
풀						

공책 Heft

스케치북 Zeichenblock

색연필 Buntstift

가위 Schere

풀 Kleber

12 학용품 [Schulbedarf]

월   일

■ 다음을 쓰는 순서에 맞게 따라 쓰세요.
(Schreibe die folgenden Wörter in der richtigen Strichfolge.)

일	기	장				

일기장 Tagebuch

연	필					

연필 Bleistift

칼						

칼 Messer

물	감					

물감 Wasserfarbe

자						

자 Lineal

학용품 [Schulbedarf]

월   일

■ 다음을 쓰는 순서에 맞게 따라 쓰세요.
(Schreibe die folgenden Wörter in der richtigen Strichfolge.)

색종이 Buntpapier

색	종	이			

사인펜 Filzstift

사	인	펜			

크레파스
Wachsmalstift

크	레	파	스		

붓 Pinsel

붓					

지우개
Radiergummi

지	우	개			

13

꽃 [Blume]

월   일

■ 다음을 쓰는 순서에 맞게 따라 쓰세요.
(Schreibe die folgenden Wörter in der richtigen Strichfolge.)

장	미					
진	달	래				
민	들	레				
나	팔	꽃				
맨	드	라	미			

장미 Rose

진달래 Azalee

민들레 Löwenzahn

나팔꽃 Prunkwinde

맨드라미 Hahnenkamm

13 꽃 [Blume]

■ 다음을 쓰는 순서에 맞게 따라 쓰세요.
(Schreibe die folgenden Wörter in der richtigen Strichfolge.)

개나리 Forsythie

개	나	리			

벚꽃 Kirschblüte

벚	꽃				

채송화
Portulakröschen

채	송	화			

국화 Korbblütler

국	화				

무궁화
Straucheibisch

무	궁	화			

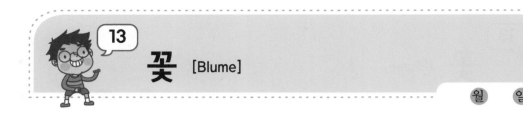

꽃 [Blume]

월 일

■ 다음을 쓰는 순서에 맞게 따라 쓰세요.
(Schreibe die folgenden Wörter in der richtigen Strichfolge.)

튤립 Tulpe

튤 립

봉숭아
Garten-Balsamine

봉 숭 아

해바라기
Sonnenblume

해 바 라 기

카네이션 Nelke

카 네 이 션

코스모스
Schmuckkörbchen

코 스 모 스

나라 이름 [Ländername]

■ 다음을 쓰는 순서에 맞게 따라 쓰세요.
(Schreibe die folgenden Wörter in der richtigen Strichfolge.)

한국 **Südkorea**	한 국
필리핀 **Philippinen**	필 리 핀
일본 **Japan**	일 본
캄보디아 **Kambodien**	캄 보 디 아
아프가니스탄 **Afganistan**	아 프 가 니 스 탄

14 나라 이름 [Ländername]

■ 다음을 쓰는 순서에 맞게 따라 쓰세요.
(Schreibe die folgenden Wörter in der richtigen Strichfolge.)

중국					

중국 China

태국					

태국 Thailand

베	트	남			

베트남 Vietnam

인	도				

인도 Indien

영	국				

영국
Großbritannien

나라 이름 [Ländername]

월   일

■ 다음을 쓰는 순서에 맞게 따라 쓰세요.
(Schreibe die folgenden Wörter in der richtigen Strichfolge.)

미	국					
몽	골					
우	즈	베	키	스	탄	
러	시	아				
캐	나	다				

미국 USA

몽골 Mongolei

우즈베키스탄
Usbekistan

러시아 Russland

캐나다 Kanada

15 악기 [Instrument]

월 일

■ 다음을 쓰는 순서에 맞게 따라 쓰세요.
(Schreibe die folgenden Wörter in der richtigen Strichfolge.)

기타 Gitarre

기 타

북 Trommel

북

트라이앵글 Triangel

트 라 이 앵 글

하모니카
Mundharmonika

하 모 니 카

징 Gong

징

15 악기 [Instrument]

월   일

■ 다음을 쓰는 순서에 맞게 따라 쓰세요.
  (Schreibe die folgenden Wörter in der richtigen Strichfolge.)

피아노 Klavier

피	아	노			

탬버린 Tamburin

탬	버	린			

나팔
Naturtrompete

나	팔				

장구 Janggu

장	구				

소고 Tabor

소	고				

15 악기 [Instrument]

월   일

■ 다음을 쓰는 순서에 맞게 따라 쓰세요.
(Schreibe die folgenden Wörter in der richtigen Strichfolge.)

피 리					
실 로 폰					
바 이 올 린					
쟁 과 리					
가 야 금					

피리 Flöte

실로폰 Xylophon

바이올린 Geige

쟁과리
Schlagtrommel

가야금 Gayageum

옷 [Kleidung]

■ 다음을 쓰는 순서에 맞게 따라 쓰세요.
(Schreibe die folgenden Wörter in der richtigen Strichfolge.)

티	셔	츠				

티셔츠 T-Shirt

바	지					

바지 Hose

점	퍼					

점퍼 Jacke

정	장					

정장 Anzug

와	이	셔	츠			

와이셔츠 Hemd

16 옷 [Kleidung]

월   일

■ 다음을 쓰는 순서에 맞게 따라 쓰세요.
(Schreibe die folgenden Wörter in der richtigen Strichfolge.)

반바지 Shorts

반	바	지			

코트 Mantel

코	트				

교복 Schuluniform

교	복				

블라우스 Bluse

블	라	우	스		

청바지 Jeans

청	바	지			

16 **옷** [Kleidung]

월 일

■ 다음을 쓰는 순서에 맞게 따라 쓰세요.
(Schreibe die folgenden Wörter in der richtigen Strichfolge.)

양	복				
작	업	복			
스	웨	터			
치	마				
한	복				

양복 Anzug

작업복
Arbeitskleidung

스웨터 Pullover

치마 Rock

한복 Hanbok

색깔 [Farbe]

월   일

■ 다음을 쓰는 순서에 맞게 따라 쓰세요.
(Schreibe die folgenden Wörter in der richtigen Strichfolge.)

빨	간	색			

빨간색 rot

주	황	색			

주황색 orange

초	록	색			

초록색 grün

노	란	색			

노란색 gelb

파	란	색			

파란색 blau

17

색깔 [Farbe]

월 일

■ 다음을 쓰는 순서에 맞게 따라 쓰세요.
(Schreibe die folgenden Wörter in der richtigen Strichfolge.)

보라색 violett

보 라 색

분홍색 rosa

분 홍 색

하늘색 hellblau

하 늘 색

갈색 braun

갈 색

검은색 schwarz

검 은 색

18 취미 [Hobby]

월   일

■ 다음을 쓰는 순서에 맞게 따라 쓰세요.
(Schreibe die folgenden Wörter in der richtigen Strichfolge.)

요 리					
노 래					
등 산					
영 화 감 상					
낚 시					

요리 kochen

노래 singen

등산 bergsteigen

영화감상
Filme anschauen

낚시 fischen

취미 [Hobby]

월   일

■ 다음을 쓰는 순서에 맞게 따라 쓰세요.
(Schreibe die folgenden Wörter in der richtigen Strichfolge.)

음악감상
Musik hören

게임 Spiele spielen

드라이브
Spazierfahrt

여행 reisen

독서 lesen

음	악	감	상				
게	임						
드	라	이	브				
여	행						
독	서						

18

취미 [Hobby]

월   일

■ 다음을 쓰는 순서에 맞게 따라 쓰세요.
(Schreibe die folgenden Wörter in der richtigen Strichfolge.)

쇼	핑				
운	동				
수	영				
사	진	촬	영		
악	기	연	주		

쇼핑 shoppen

운동 Sport treiben

수영 schwimmen

사진촬영 fotografieren

악기연주 Instrument spielen

월   일

■ 다음을 쓰는 순서에 맞게 따라 쓰세요.
(Schreibe die folgenden Wörter in der richtigen Strichfolge.)

야	구					
배	구					
축	구					
탁	구					
농	구					

야구 Baseball

배구 Volleyball

축구 Fußball

탁구 Tischtennis

농구 Basketball

19 운동 [Sport]

월   일

■ 다음을 쓰는 순서에 맞게 따라 쓰세요.
(Schreibe die folgenden Wörter in der richtigen Strichfolge.)

골 프					
스 키					
수 영					
권 투					
씨 름					

골프 Golf

스키 Ski

수영 Schwimmen

권투 Boxen

씨름
koreanisches Ringen

19 운동 [Sport]

■ 다음을 쓰는 순서에 맞게 따라 쓰세요.
(Schreibe die folgenden Wörter in der richtigen Strichfolge.)

테	니	스			

테니스 Tennis

레	슬	링			

레슬링 Ringen

태	권	도			

태권도 Taekwondo

배	드	민	턴		

배드민턴 Federball

스	케	이	트		

스케이트 Skaten

다음을 쓰는 순서에 맞게 따라 쓰세요.
(Schreibe die folgenden Wörter in der richtigen Strichfolge.)

가 다						
오 다						
먹 다						
사 다						
읽 다						

가다 gehen

오다 kommen

먹다 essen

사다 kaufen

읽다 lesen

20 움직임 말(1)
[Aktivität (1)]

다음을 쓰는 순서에 맞게 따라 쓰세요.
(Schreibe die folgenden Wörter in der richtigen Strichfolge.)

씻다						
자다						
보다						
일하다						
만나다						

씻다 waschen

자다 schlafen

보다 sehen

일하다 arbeiten

만나다 treffen

20 움직임 말(1)
[Aktivität (1)]

월   일

다음을 쓰는 순서에 맞게 따라 쓰세요.
(Schreibe die folgenden Wörter in der richtigen Strichfolge.)

마	시	다			
빨	래	하	다		
청	소	하	다		
요	리	하	다		
공	부	하	다		

마시다 trinken

빨래하다 wäsche waschen

청소하다 putzen

요리하다 kochen

공부하다 lernen

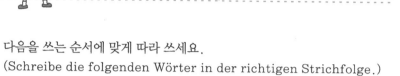

21 움직임 말(2)
[Aktivität (2)]

월 ___ 일 ___

다음을 쓰는 순서에 맞게 따라 쓰세요.
(Schreibe die folgenden Wörter in der richtigen Strichfolge.)

공을 차다
den Ball treten

공	을		차	다			

이를 닦다
die Zähne putzen

이	를		닦	다			

목욕을 하다
ein Bad nehmen

목	욕	을		하	다		

세수를 하다
Gesicht waschen

세	수	를		하	다		

등산을 하다
bergsteigen

등	산	을		하	다		

월   일

다음을 쓰는 순서에 맞게 따라 쓰세요.
(Schreibe die folgenden Wörter in der richtigen Strichfolge.)

머	리	를		감	다		

머리를 감다
Haare waschen

영	화	를		보	다		

영화를 보다
Filme anschauen

공	원	에		가	다		

공원에 가다
in den Park gehen

여	행	을		하	다		

여행을 하다 reisen

산	책	을		하	다		

산책을 하다 spazieren

21 움직임 말(2)
[Aktivität (2)]

월   일

다음을 쓰는 순서에 맞게 따라 쓰세요.
(Schreibe die folgenden Wörter in der richtigen Strichfolge.)

수	영	을		하	다	

수영을 하다
schwimmen

쇼	핑	을		하	다	

쇼핑을 하다 shoppen

사	진	을		찍	다	

사진을 찍다
fotografieren

샤	워	를		하	다	

샤워를 하다 duschen

이	야	기	를		하	다

이야기를 하다
Geschichte erzählen

22 움직임 말(3)
[Aktivität (3)]

월   일

다음을 쓰는 순서에 맞게 따라 쓰세요.
(Schreibe die folgenden Wörter in der richtigen Strichfolge.)

놀 다						
자 다						
쉬 다						
쓰 다						
듣 다						

놀다 spielen

자다 schlafen

쉬다 sich ausruhen

쓰다 schreiben

듣다 hören

22 움직임 말(3)
[Aktivität (3)]

월 일

다음을 쓰는 순서에 맞게 따라 쓰세요.
(Schreibe die folgenden Wörter in der richtigen Strichfolge.)

닫다 schließen

닫	다					

켜다 aufdrehen

켜	다					

서다 stehen

서	다					

앉다 sitzen

앉	다					

끄다 ausschalten

끄	다					

다음을 쓰는 순서에 맞게 따라 쓰세요.
(Schreibe die folgenden Wörter in der richtigen Strichfolge.)

열 다	

열다 öffnen

나 오 다		

나오다 herauskommen

배 우 다		

배우다 lernen

들 어 가 다			

들어가다 hineingehen

가 르 치 다			

가르치다 lehren

다음을 쓰는 순서에 맞게 따라 쓰세요.

(Schreibe die folgenden Wörter in der richtigen Strichfolge.)

부 르 다					
달 리 다					
기 다					
날 다					
긁 다					

부르다 rufen

달리다 rennen

기다 kriechen

날다 fliegen

긁다 kratzen

22 움직임 말(3)
[Aktivität (3)]

월   일

다음을 쓰는 순서에 맞게 따라 쓰세요.
(Schreibe die folgenden Wörter in der richtigen Strichfolge.)

찍 다					
벌 리 다					
키 우 다					
갈 다					
닦 다					

찍다 fotografieren

벌리다 öffnen

키우다 großziehen

갈다 wechseln

닦다 putzen

월   일

다음을 쓰는 순서에 맞게 따라 쓰세요.
(Schreibe die folgenden Wörter in der richtigen Strichfolge.)

개							
대							
척							
송 이							
그 루							

개 Stück

대 Fahrzeug

척 Schiff

송이 Bund

그루 Baum

다음을 쓰는 순서에 맞게 따라 쓰세요.
(Schreibe die folgenden Wörter in der richtigen Strichfolge.)

상	자					
봉	지					
장						
병						
자	루					

상자 Karton

봉지 Tüte

장 Zettel

병 Flasche

자루 Stift

다음을 쓰는 순서에 맞게 따라 쓰세요.
(Schreibe die folgenden Wörter in der richtigen Strichfolge.)

벌 Kleidung

벌						

켤레 Schuhe

켤	레					

권 Buch

권						

마리 Tier

마	리					

잔 Glas

잔						

23 세는 말(단위)

[Zählwort(Einheit)]

월   일

다음을 쓰는 순서에 맞게 따라 쓰세요.

(Schreibe die folgenden Wörter in der richtigen Strichfolge.)

채						
명						
통						
가 마						
첩						

채 Haus

명 Mensch

통 Gefäß

가마 Strohsack

첩
Arzneimittelverpackung

24 꾸미는 말(1)
[Beschreibung (1)]

월 일

다음을 쓰는 순서에 맞게 따라 쓰세요.
(Schreibe die folgenden Wörter in der richtigen Strichfolge.)

많다 viel

적다 wenig

크다 groß

작다 klein

비싸다 teuer

많	다						
적	다						
크	다						
작	다						
비	싸	다					

다음을 쓰는 순서에 맞게 따라 쓰세요.
(Schreibe die folgenden Wörter in der richtigen Strichfolge.)

싸	다				
길	다				
짧	다				
빠	르	다			
느	리	다			

싸다 billig

길다 lang

짧다 kurz

빠르다 schnell

느리다 langsam

다음을 쓰는 순서에 맞게 따라 쓰세요.
(Schreibe die folgenden Wörter in der richtigen Strichfolge.)

굵다 dick

굵 다

가늘다 dünn

가 늘 다

밝다 hell

밝 다

어둡다 dunkel

어 둡 다

좋다 gut

좋 다

다음을 쓰는 순서에 맞게 따라 쓰세요.
(Schreibe die folgenden Wörter in der richtigen Strichfolge.)

맵	다					
시	다					
가	볍	다				
좁	다					
따	뜻	하	다			

맵다 scharf

시다 sauer

가볍다 leicht

좁다 eng

따뜻하다 warm

25 꾸미는 말(2)

[Beschreibung (2)]

월   일

다음을 쓰는 순서에 맞게 따라 쓰세요.
(Schreibe die folgenden Wörter in der richtigen Strichfolge.)

짜	다						

짜다 salzig

쓰	다						

쓰다 bitter

무	겁	다					

무겁다 schwer

깊	다						

깊다 tief

차	갑	다					

차갑다 kalt

25 꾸미는 말(2)
[Beschreibung (2)]

월 일

다음을 쓰는 순서에 맞게 따라 쓰세요.
(Schreibe die folgenden Wörter in der richtigen Strichfolge.)

달	다				
싱	겁	다			
넓	다				
얕	다				
귀	엽	다			

달다 süß

싱겁다 zu wenig gesalzen

넓다 breit

얕다 flach

귀엽다 entzückend

다음을 쓰는 순서에 맞게 따라 쓰세요.
(Schreibe die folgenden Wörter in der richtigen Strichfolge.)

기쁘다 glücklich

기	쁘	다				

슬프다 traurig

슬	프	다				

화나다 sauer

화	나	다				

놀라다 überrascht

놀	라	다				

곤란하다 schwierig

곤	란	하	다			

26 기분을 나타내는 말
[Gefühlszustand]

월 일

다음을 쓰는 순서에 맞게 따라 쓰세요.
(Schreibe die folgenden Wörter in der richtigen Strichfolge.)

궁	금	하	다			

궁금하다 neugierig

지	루	하	다			

지루하다 langweilig

부	끄	럽	다			

부끄럽다 peinlich

피	곤	하	다			

피곤하다 müde

신	나	다				

신나다 fröhlich

높임말 [Höflichkeitsform]

(27)

월 일

다음을 쓰는 순서에 맞게 따라 쓰세요.
(Schreibe die folgenden Wörter in der richtigen Strichfolge.)

집 Haus → 댁 Haus

집						
댁						

밥 gekochter Reis →
진지 gekochter Reis

밥						
진	지					

병 Krankheit →
병환 Krankheit

병						
병	환					

말 Rede → 말씀 Rede

말						
말	씀					

나이 Alter → 연세 Alter

나	이					
연	세					

높임말 [Höflichkeitsform]

월 일

다음을 쓰는 순서에 맞게 따라 쓰세요.

(Schreibe die folgenden Wörter in der richtigen Strichfolge.)

생	일						
생	신						
있	다						
계	시	다					
먹	다						
드	시	다					
자	다						
주	무	시	다				
주	다						
드	리	다					

생일 Geburtstag →
생신 Geburtstag

있다 bleiben →
계시다 bleiben

먹다 essen →
드시다 essen

자다 schlafen →
주무시다 schlafen

주다 geben →
드리다 geben

소리가 같은 말(1)
[Homonym (1)]

월   일

다음을 쓰는 순서에 맞게 따라 쓰세요.
(Schreibe die folgenden Wörter in der richtigen Strichfolge.)

눈 Auge (단음)	눈 Schnee (장음)
발 Fuß (단음)	발 Vorhang (장음)
밤 Nacht (단음)	밤 Kastanie (장음)
차 Auto (단음)	차 Tee (단음)
비 Regen (단음)	비 Besen (단음)

눈				
발				
밤				
차				
비				

다음을 쓰는 순서에 맞게 따라 쓰세요.
(Schreibe die folgenden Wörter in der richtigen Strichfolge.)

말					

말 Pferd (단음)   **말** Rede (장음)

| 벌 | | | | | |

벌 Strafe (단음)   **벌** Biene (장음)

| 상 | | | | | |

상 Tisch (단음)   **상** Preis (단음)

| 굴 | | | | | |

굴 Auster (단음)   **굴** Höhle (장음)

| 배 | | | | | |

배 Schiff (단음)   **배** Bauch (단음)

28 소리가 같은 말(1)
[Homonym (1)]

월 일

다음을 쓰는 순서에 맞게 따라 쓰세요.
(Schreibe die folgenden Wörter in der richtigen Strichfolge.)

다리 Brücke (단음)   **다리** Bein (단음)

다 리			

새끼 Säugling (단음)   **새끼** Strohseil (단음)

새 끼			

돌 Stein (장음)   **돌** erster Geburtstag eines Kindes (단음)

돌			

병 Krankheit (장음)   **병** Flasche (단음)

병			

바람 Wind (단음)   **바람** Wunsch (단음)

바 람			

29 소리가 같은 말(2)
[Homonym (2)]

월   일

다음을 쓰는 순서에 맞게 따라 쓰세요.
(Schreibe die folgenden Wörter in der richtigen Strichfolge.)

깨다				

깨다 aufwachen (장음)   깨다 brechen (단음)

묻다				

묻다 begraben (단음)   묻다 fragen (장음)

싸다				

싸다 günstig (단음)   싸다 pinkeln (단음)

세다				

세다 zählen (장음)   세다 stark (장음)

차다				

차다 kalt (단음)   차다 voll (단음)

29 소리가 같은 말(2)
[Homonym (2)]

월   일

다음을 쓰는 순서에 맞게 따라 쓰세요.
(Schreibe die folgenden Wörter in der richtigen Strichfolge.)

RIGHT

맞다 richtig (단음)

맞다 geschlagen werden (단음)

맡다 nehmen (단음)

맡다 riechen (단음)

쓰다 schreiben (단음)

쓰다 bitter (단음)

맞	다			
맡	다			
쓰	다			

③O 소리를 흉내 내는 말

[Lautmalerei]

월   일

■ 다음을 쓰는 순서에 맞게 따라 쓰세요.
(Schreibe die folgenden Wörter in der richtigen Strichfolge.)

어 흥					
꿀 꿀					
야 옹					
꼬 꼬 댁					
꽥 꽥					

어흥 roar

꿀꿀 grunz

야옹 miau

꼬꼬댁 gack

꽥꽥 quak

30 소리를 흉내 내는 말
[Lautmalerei]

월   일

■ 다음을 쓰는 순서에 맞게 따라 쓰세요.
(Schreibe die folgenden Wörter in der richtigen Strichfolge.)

붕						
매 앰						
부 르 릉					
딩 동						
빠 빠						

붕 summ

매앰 zikadengesang

부르릉 brumm

딩동 ding-dong

빠빠 tätä

부록 Appendix

안녕하세요! K-한글(www.k-hangul.kr)입니다.
'외국인을 위한 기초 한글 배우기' 1호 기초 편에서 다루지 못한 내용을 부록 편에
다음과 같이 **40가지 주제별로** 수록하니, 많은 이용 바랍니다.

MP3	주제	단어
	1. 숫자	1, 2, 3, 4, 5, / 6, 7, 8, 9, 10, / 11, 12, 13, 14, 15, / 16, 17, 18, 19, 20, / 21, 22, 23, 24, 25, / 26, 27, 28, 29, 30, / 31, 40, 50, 60, 70, / 80, 90, 100, 101, 102, / 110, 120, 130, 150, 천, / 만, 십만, 백만, 천만, 억
	2. 연도	1999년, 2000년, 2005년, 2010년, 2015년, / 2020년, 2023년, 2024년, 2025년, 2026년, / 2030년, 2035년, 2040년, 2045년, 2050년
	3. 월	**1월, 2월, 3월, 4월, 5월, / 6월, 7월, 8월, 9월, 10월, / 11월, 12월**
	4. 일	1일, 2일, 3일, 4일, 5일, / 6일, 7일, 8일, 9일, 10일, / 11일, 12일, 13일, 14일, 15일, / 16일, 17일, 18일, 19일, 20일, / 21일, 22일, 23일, 24일, 25일, / 26일, 27일, 28일, 29일, 30일, / 31일
	5. 요일	**월요일, 화요일, 수요일, 목요일, 금요일, / 토요일, 일요일, 공휴일, 식목일, 현충일**
	6. 년	1년, 2년, 3년, 4년, 5년, / 6년, 7년, 8년, 9년, 10년, / 15년, 20년, 30년, 40년, 50년, / 100년, 200년, 500년, 1000년, 2000년
	7. 개월	**1개월**(한 달), **2개월**(두 달), **3개월**(석 달), **4개월**(네 달), **5개월**(다섯 달), / **6개월**(여섯 달), **7개월**(일곱 달), **8개월**(여덟 달), **9개월**(아홉 달), **10개월**(열 달), / **11개월**(열한 달), **12개월**(열두 달)
	8. 일(간), 주일(간)	**하루**(1일), **이틀**(2일), **사흘**(3일), **나흘**(4일), **닷새**(5일), / **엿새**(6일), **이레**(7일), **여드레**(8일), **아흐레**(9일), **열흘**(10일), / **10일**(간), **20일**(간), **30일**(간), **100일**(간), **일주일**(간), / **이 주일**(간)
	9. 시	**1시, 2시, 3시, 4시, 5시, / 6시, 7시, 8시, 9시, 10시, / 11시, 12시, 13시**(오후 1시), **14시**(오후 2시), **15시**(오후 3시), / **18시**(오후 6시), **20시**(오후 8시), **22시**(오후 10시), **24시**(오후 12시)
	10. 분	**1분, 2분, 3분, 4분, 5분, / 10분, 15분, 20분, 25분, 30분**(반 시간), / **35분, 40분, 45분, 50분, 55분, / 60분**(1시간)

MP3	주제	단어
	11. 시간	**반 시간**(30분), **1시간, 1시간 반**(1시간 30분), **2시간, 3시간, / 4시간, 5시간, 10시간, 12시간, 24시간**
	12.시간사	**오전, 정오, 오후, 아침, 점심, / 저녁, 지난주, 이번 주, 다음 주, 지난달, / 이번 달, 다음날, 재작년, 작년, 올해, / 내년, 내후년, 그저께**(이틀 전날), **엊그제**(바로 며칠 전), **어제**(오늘의 하루 전날), **/ 오늘, 내일**(1일 후), **모레**(2일 후), **글피**(3일 후), **그글피**(4일 후)
	13. 계절	**봄**(春), **여름**(夏), **가을**(秋), **겨울**(冬)
	14.방위사	**동쪽, 서쪽, 남쪽, 북쪽, 앞쪽, / 뒤쪽, 위쪽, 아래쪽, 안쪽, 바깥쪽, / 오른쪽, 왼쪽, 옆, 중간**
	15. 양사	**개**(사용 범위가 가장 넓은 개체 양사), **장**(평면이 있는 사물), **척**(배를 세는 단위), **마리**(날짐승이나 길짐승), **자루, / 다발**(손에 쥘 수 있는 물건), **권**(서적 류), **개**(물건을 세는 단위), **갈래, 줄기**(가늘고 긴 모양의 사물이나 굽은 사물), **/ 건**(사건), **벌**(의복), **쌍, 짝, 켤레, / 병, 조각**(덩어리, 모양의 물건), **원**(화폐), **대**(각종 차량), **대**(기계, 설비 등), **/ 근**(무게의 단위), **킬로그램**(힘의 크기, 무게를 나타내는 단위), **번**(일의 차례나 일의 횟수를 세는 단위), **차례**(단순히 반복적으로 발생하는 동작), **식사**(끼)
	16. 인칭 대명사	인칭 대명사 : 사람의 이름을 대신하여 나타내는 대명사. **나, 너, 저, 당신, 우리, / 저희, 여러분, 너희, 그, 그이, / 저분, 이분, 그녀, 그들**
	17. 지시 대명사	지시 대명사 : 사물이나 장소의 이름을 대신하여 나타내는 대명사. **이것, 이곳, 저것, 저곳, 저기, / 그것**(사물이나 대상을 가리킴), **여기, 무엇**(사물의 이름), **거기**(가까운 곳, 이미 이야기한 곳), **어디**(장소의 이름)
	18. 의문 대명사	의문 대명사 : 물음의 대상을 나타내는 대명사. **누구**(사람의 정체), **몇**(수효), **어느**(둘 이상의 것 가운데 대상이 되는 것), **어디**(처소나 방향), **무엇**(사물의 정체), **/ 언제, 얼마, 어떻게**(어떤 방법, 방식, 모양, 형편, 이유), **어떤가?, 왜**(무슨 까닭으로, 어떤 사실에 대하여 확인을 요구할 때)
	19. 가족	**할아버지, 할머니, 아버지, 어머니, 남편, / 아내, 딸, 아들, 손녀, 손자, / 형제자매, 형, 오빠, 언니, 누나, / 여동생, 남동생, 이모, 이모부, 고모, / 고모부, 사촌, 삼촌, 숙모**
	20. 국적	**국가, 나라, 한국, 중국, 대만, / 일본, 미국, 영국, 캐나다, 인도네시아, / 독일, 러시아, 이탈리아, 프랑스, 인도, / 태국, 베트남, 캄보디아, 몽골, 라오스**

MP3	주제	단어
	21. 인사	안녕하세요!, 안녕하셨어요?, 건강은 어떠세요?, 그에게 안부 전해주세요, 굿모닝!
	22. 작별	건강하세요, 행복하세요, 안녕(서로 만나거나 헤어질 때), 내일 보자, 다음에 보자.
	23. 감사	고마워, 감사합니다, 도와주셔서 감사드립니다.
	24. 사과	미안합니다, 괜찮아요!, 죄송합니다, 정말 죄송합니다, 모두 다 제 잘못입니다, / 오래 기다리셨습니다, 유감이네요.
	25. 요구, 부탁	잠시 기다리세요, 저 좀 도와주세요, 좀 빨리해 주세요, 문 좀 닫아주세요, 술 좀 적게 드세요.
	26. 명령, 지시	일어서라!, 들어오시게, 늦지 말아라, 수업 시간에는 말하지 마라, 금연입니다.
	27. 칭찬, 감탄	정말 잘됐다!, 정말 좋다, 정말 대단하다, 진짜 잘한다!, 정말 멋져!, / 솜씨가 보통이 아니네!, 영어를 잘하는군요. ※감탄사의 종류(감정이나 태도를 나타내는 단어) : 아하, 헉, 우와, 아이고, 아차, 앗, 어머, 저런, 여보, 야, 아니요, 네, 예, 그래, 애 등
	28. 환영, 축하, 기원	환영합니다!, 또 오세요, 생일 축하해!, 대입 합격 축하해!, 축하드려요, / 부자 되세요, 행운이 깃드시길 바랍니다, 만사형통하시길 바랍니다, 건강하세요, 새해 복 많이 받으세요!
	29. 식당	음식, 야채, 먹다, 식사 도구, 메뉴판, / 세트 요리, 종업원, 주문하다, 요리를 내오다, 중국요리, / 맛, 달다, 담백하다, 맵다, 새콤달콤하다, / 신선하다, 국, 탕, 냅킨, 컵, / 제일 잘하는 요리, 계산, 잔돈, 포장하다, 치우다, / 건배, 맥주, 술집, 와인, 술에 취하다.
	30. 교통	말씀 좀 묻겠습니다, 길을 묻다, 길을 잃다, 길을 건너가다, 지도, / 부근, 사거리, 갈아타다, 노선, 버스, / 몇 번 버스, 정거장, 줄을 서다, 승차하다, 승객, / 차비, 지하철, 환승하다, 1호선, 좌석, / 출구, 택시, 택시를 타다, 차가 막히다, 차를 세우다, / 우회전, 좌회전, 유턴하다, 기차, 기차표, / 일반 침대석, 일등 침대석, 비행기, 공항, 여권, / 주민등록증, 연착하다, 이륙, 비자, 항공사, / 안전벨트, 현지시간

MP3	주제	단어
	31. 물건 사기	손님, 서비스, 가격, 가격 흥정, 노점, / 돈을 내다, 물건, 바겐세일, 싸다, 비싸다, / 사이즈, 슈퍼마켓, 얼마예요?, 주세요, 적당하다, / 점원, 품질, 백화점, 상표, 유명 브랜드, / 선물, 영수증, 할인, 반품하다, 구매, / 사은품, 카드 결제하다, 유행, 탈의실, 계산대
	32. 전화하기	여보세요, 걸다, (다이얼을)누르다, OO 있나요?, 잘못 걸다, / 공중전화, 휴대전화 번호, 무료 전화, 국제전화, 국가번호, / 지역번호, 보내다, 문자 메시지, 시외전화, 전화받다, / 전화번호, 전화카드, 통화 중, 통화 요금, 휴대전화, / 스마트폰
	33. 인터넷	인터넷, 인터넷에 접속하다, 온라인게임, 와이파이, 전송하다, / 데이터, 동영상, 아이디, 비밀번호, 이메일, / 노트북, 검색하다, 웹사이트, 홈페이지 주소, 인터넷 쇼핑, / 업로드, 다운로드, pc방, 바이러스, 블로그
	34. 건강	병원, 의사, 간호사, 진찰하다, 수술, / 아프다, 환자, 입원, 퇴원, 기침하다, / 열나다, 체온, 설사가 나다, 콧물이 나다, 목이 아프다, / 염증을 일으키다, 건강, 금연하다, 약국, 처방전, / 비타민, 복용하다, 감기, 감기약, 마스크, / 비염, 고혈압, 골절, 두통, 알레르기, / 암, 전염병, 정신병, 혈액형, 주사 놓다
	35. 학교	초등학교, 중학교, 고등학교, 중·고등학교, 대학교, / 교실, 식당, 운동장, 기숙사, 도서관, / 교무실, 학생, 초등학생, 중학생, 고등학생, / 대학생, 유학생, 졸업생, 선생님, 교사, / 교장, 교수, 국어, 수학, 영어, / 과학, 음악, 미술, 체육, 입학하다, / 졸업하다, 학년, 전공, 공부하다, 수업을 시작하다, / 수업을 마치다, 출석을 부르다, 지각하다, 예습하다, 복습하다, / 숙제를 하다, 시험을 치다, 합격하다, 중간고사, 기말고사, / 여름방학, 겨울방학, 성적, 교과서, 칠판, / 분필
	36. 취미	축구 마니아, ㅇㅇ마니아, 여가 시간, 좋아하다, 독서, / 음악 감상, 영화 감상, 텔레비전 시청, 연극 관람, 우표 수집, / 등산, 바둑, 노래 부르기, 춤추기, 여행하기, / 게임하기, 요리, 운동, 야구(하다), 농구(하다), / 축구(하다), 볼링(치다), 배드민턴(치다), 탁구(치다), 스키(타다), / 수영(하다), 스케이팅, 태권도
	37. 여행	여행(하다), 유람(하다), 가이드, 투어, 여행사, / 관광명소, 관광특구, 명승지, 기념품, 무료, / 유료, 할인티켓, 고궁, 경복궁, 남산, / 한국민속촌, 호텔, 여관, 체크인, 체크아웃, / 빈 방, 보증금, 숙박비, 호실, 팁, / 싱글룸, 트윈룸, 스탠더드룸, 1박하다, 카드 키, / 로비, 룸서비스, 식당, 뷔페, 프런트 데스크
	38. 날씨	일기예보, 기온, 최고기온, 최저기온, 온도, / 영상, 영하, 덥다, 따뜻하다, 시원하다, / 춥다, 흐린 날씨, 맑은 날, 비가 오다, 눈이 내리다, / 건조하다, 습하다, 가랑비, 구름이 많이 끼다, 보슬비, / 천둥치다, 번개, 태풍, 폭우, 폭설, / 황사, 장마
	39. 은행	예금하다, 인출하다, 환전하다, 송금하다, 예금주, / 예금통장, 계좌, 계좌번호, 원금, 이자, / 잔여금액, 비밀번호, 현금카드, 현금 인출기, 수수료, / 현금, 한국 화폐, 미국 달러, 외국 화폐, 환율, / 환전소, 신용카드, 대출, 인터넷뱅킹, 폰뱅킹

MP3	주제	단어
	40. 우체국	편지, 편지봉투, 소포, 부치다, 보내는 사람, / 받는 사람, 우편물, 우편번호, 우편요금, 우체통, / 우표, 주소, 항공우편, EMS

1. 영어로 한글배우기
Learning Korean in English

2. 베트남어로 한글배우기
Học tiếng Hàn bằng tiếng Việt

3. 몽골어로 한글배우기
Монгол хэл дээр солонгос
цагаан толгой сурах

4. 일본어로 한글배우기
日本語でハングルを学ぼう

5. 스페인어로 한글배우기(유럽연합)
APRENDER COREANO EN
ESPAÑOL

6. 프랑스어로 한글배우기
Apprendre le coréen en
français

7. 러시아어로 한글배우기
Изучение хангыля
на русском языке

8. 중국어로 한글배우기
用中文学习韩文

9. 독일어로 한글배우기
Koreanisch lernen auf Deutsch

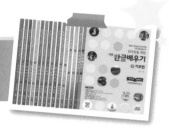

10. 태국어로 한글배우기
เรียนฮันกึลด้วยภาษาไทย

11. 힌디어로 한글배우기
हिंदी में हंगुल सीखना

12. 아랍어로 한글배우기
تعلم اللغة الكورية بالعربية

13. 페르시아어로 한글배우기
یادگیری کرهای از طریق فارسی

14. 튀르키예어로 한글배우기
Hangıl'ı Türkçe Öğrenme

15. 포르투칼어로 한글배우기
Aprendendo Coreano em
Português

16. 스페인어로 한글배우기(남미)
Aprendizaje de coreano en
español

독일어를 사용하는 국민을 위한 기초 한글 배우기

한글배우기 ❶ 기초편

2025년 1월 10일 초판 1쇄 발행

발행인 | 배영순
저자 | 권용선(權容璿), Autor: Kwon Yong-seon
펴낸곳 | 홍익교육, Verlag: Hongik Education, Südkorea
기획·편집 | 아이한글 연구소
출판등록 | 2010-10호
주소 | 경기도 광명시 광명동 747-19 리츠팰리스 비동 504호
전화 | 02-2060-4011
홈페이지 | www.k-hangul.kr
E-mail | kwonys15@naver.com
정가 | 14,000원
ISBN 979-11-88505-54-8 / 13710